《志愿者文化丛书》

总 序

“志愿者”是21世纪以来出现的、以青年为主体的新的社会群体，按中国的传统，称为“义工”。它的基本特点，一是志愿性，即内发性（出于自我内在生命的需要，而不是外在功利的诱惑）和自发性（是自己的主动、自主的选择，而非外在力量的强制）；二是民间性和公益性：既是非政府性的组织，又是非营利性的组织，是人们说的“第三部门”。它对政府机制和市场机制形成必要的补充与制约。

不难看出，这样的志愿者组织，是以某种共同的价值观、生活观凝聚在一起的：许多人奉行个人中心主义和极端利己主义，这群人却尝试“利我利他，自助助人”的新伦理；许多人沉湎于个人的无止境的物质享受、感官刺激、奢侈消费，这群人却相信人不仅有物质的欲望，更有精神的追求，尝试着一种“物质简单，精神丰裕”的新的生活方式；许多人奉行将他人视为敌人的丛林法则，进行残酷的你死我活的生存竞争，这群人却尝试着视他人为兄弟，在志愿者与服务对象之间，在志愿者之间，建立起人与人相互信任、尊重、支持的新关系；许多人陷入所想与所做的分离，将真实的自我掩饰、保护起来，被迫或主动生活在谎言中，这群人却尝试着通过志愿者活动将“想、说、行”统一起来，努力生活在真实之中……如此等等。

志愿者组织在某种程度上，就是一所公民大学堂。志愿者将在这个自主、自由、多元、开放的群体中，学会参与和独立创造，学会对话、合作和互助，学会平等、公平和互惠，学会宽容、妥协、自我约束和相互监督。

这样的新理想、新思想、新伦理、新价值、新的生活方式、新的人与人的关系以及新的人与自然的关系……就构成了全新的“志愿者文化”。

而这样的志愿者文化，正在遭遇新的挑战。随着志愿者公益组织被社会和公众广泛认同，随着社会组织日益壮大与发展，也出现了新的危机：它很容易成为一种“时髦”，和某种利益捆绑在一起，人们纷纷盲目加入，却不去思考其背后的理念，这样，就会逐渐模糊、淡化最初的理想、追求，失去了目标，造成独立性的丧失，甚至被异化，同时内部的矛盾也会逐渐暴露与激化，甚至导致分化。这样，志愿者组织自身的思想建设，就成为迫在眉睫的任务；其核心就是志愿者文化的建设，即要重新回到最初的出发点上，思考“我是谁？我要做什么？我要达到什么目标？”。

更重要的是，我们还面临着一个开拓与发展志愿者文化，使其本土化的历史任务。我们今天在讨论志愿者文化时，更多地借鉴了西方的资源，这是可以理解的，并且是必要与有益的，但又是不够的。因为不仅这些外来的思想、理念本身有一个和中国国情相适应的问题，而且中国本土，无论是古代传统、现代传统，还是民间传统里，都存在着丰富的思想、文化、理论资源，足以成为我们今天所提倡的志愿者运动的精神滋养。

我们还注意到，随着中国社会的发展，近年来，出现了社会工作者这一新的职业群体。他们大都经过大学教育的专业训练，所从事的也是专业工作，因而有别于志愿者群体。但他们担负的是社会服务工作，也有自己的社会工作伦理，他们也需要有志愿者精神，也同样需要从中国传统里吸取资源，实现社会工作的本土化。

我们编选这套“志愿者文化丛书”，就是要对中国本土的志愿者文化资源进行一次发掘、整理与研究。首先推出的是现代资源，除了介绍现代文化的先驱鲁迅关于“中国人和中国社会的改造”的思想外，重点推出20世纪三四十年代平民教育与乡村改造、建设的四大先驱梁漱溟、晏阳初、陶行知、卢作孚的理论与实践；以后，如有条件，我们还准备进一步发掘中国儒家与墨家的资源。为了便于年轻的志愿者和社会工作者朋友的阅读与学习，我们从先驱者浩繁的著作里，精心选编了相关的语录，附有部分原文，并有详尽的“导读”。我们期待，这套丛书能成为志愿者公益组织思想建设和社会工作者教育的阅读文本，有助于志愿者和社会工作者朋友，走进先驱者的精神世界，和他们进行心灵的交流。同时，我们也清楚，这是一项开拓性的工作，编选中的缺点与不足，在所难免，因此，欢迎读者不吝赐教。

2013年2月14日

目录

导读　1

《梁漱溟论乡村建设》语录　53

（一）社会重心由城市移植于乡村　54

1. 解决中国整个问题之道　54

2. 解决中国问题的动力：知识分子与乡村居民　58

3. 从农业引发工业是我们翻身之路　61

4. 组织农民，走“合作”之路　66

5. “养人”之路：为农民寻得精神上的出路　69

（二）乡村建设路怎么走：村学、乡学实验　74

1. “乡约”的补充改造　74

2. 村学乡学的试验　77
3. 政治、经济、文化、社会合一　83
4. 政教合一　86

（三）固有文化乃建国之本　94
1. 以中国固有精神为主的东西融合　94
2. 伦理本位——“中国老道理”之一　99
3. 教化、礼俗、自力——“中国老道理”之二　102
4. 人生向上之义——“中国老道理”之三　110
5. 崇尚贤者——“中国老道理”之四　113

（四）精神的陶炼　117
1. 立“深心大愿”：精神陶炼要旨　117
2. 朝会：讲学与社会运动的结合　122
孤独　123
以出家的精神做乡村工作　124
反省　124

言志 125
吾人之自觉力 126
忏悔—自新 127
欲望与志气 129
心理的调整 129
亲师取友 130
以坦白之心相示 130
谈习气 131
朋友与信 131
谈学问 132
研究问题时所需的态度 133
我写文章的方法与态度 134
对异己者的态度 134
没有勇气不行 135
我的信念 136
谈合作 136
真理与错误 137

成功与失败 137
三种人生态度 139
趣味 140
道德 141
人生在创造 142
帮助理性开发的是经济 143
谈组织团体原则 143
志愿真诚 144
为人类开辟一新历史而奋斗 145

文本选读 147

《朝话》十篇 148
1. 言志 148
2. 我的信念 150
3. 谈组织团体原则 152
4. 志愿真诚 153

5. 开诚布公以立信 156
6. 对异己者的态度 158
7. 没有勇气不行 159
8. 三种人生态度 161
9. 一般人对道德的三种误解 165
10. 人生在创造 167

导读

梁漱溟（1893—1988）无论在中国现代思想文化史上，还是我们这里着重讨论的20世纪30年代的乡村建设运动中，都是独特而巨大的存在，是一个影响深远的大师级的人物。梁漱溟一生经历了四个阶段，做了四件大事。1917年，二十四岁的梁漱溟因为一篇文章（《究元决疑论》）被蔡元培看中，受聘在北京大学任教，在“五四”新文化运动中，坚持为孔子说法，成为现代新儒学的早期代表人物。1921年，出版《东西文化及其哲学》，形成了自己独立的思想体系，那成为他“丰富博杂一生的纲要”。[1] 1924年，三十一岁风

1 梁卫星：《改造中国的实践：梁漱溟传》，第61页，中国友谊出版公司，2012年出版。

华正茂的梁漱溟突然辞去北大教职，到山东曹州办学，后又到山东邹平，推动乡村建设运动，创办山东乡村建设研究院，建立乡村建设实验区与县政建设实验区，设立村学、乡学，实施广义的教育工程，如推行农业改良，建立乡建金融，整顿风俗等，如研究者所说，“其设计之精、规模之大、内容之广、细节之富、效果之丰，是令人惊异的”[1]。1937年，抗日战争全面爆发，梁漱溟被迫中断了他的乡村建设实验，转而推动爱国团结统一运动，以国民参议员的身份，访问延安，巡视抗日后方，参与发起领导中国民主同盟，调停国共两党纷争，为和平奔走不息。1949年，中华人民共和国成立，五十六岁的梁漱溟选择了“留在政府外边”做独立观察者、研究者的道路，他也因为坚持自己的信念，而与毛泽东发生当面冲突，研究者说，这“在1949年之后的历史上属于仅此一例”[2]。在史无前例的“文化大革命”中，梁漱溟更以“三军可夺帅也，匹夫不可夺

1 梁卫星：《改造中国的实践：梁漱溟传》，第103页。

2 马勇：《期待更多梁漱溟》，载《社会科学报》2013年10月31日。

志也”的精神，公开对毛泽东发动的“批林批孔”运动提出保留意见。梁漱溟在50、60、70年代还写了《人类创造力的大发挥大表现——试说明建国十年一切建设突飞猛进的由来》《中国——理性之国》等著述，写出了自己对新中国的观察与总结。而立意于1924年、正式着笔于1957年、完稿于1971年，创作过程持续半个世纪之久的《人心与人生》，则是“一本体系完备、思虑精深的人性论”[1]；梁漱溟在晚年接见来访者，谈到《人心与人生》时，特意提醒说：“我想我一生，写成这本书，是我的最重要的事情。”[2]

在访谈里，梁漱溟对自己如此定位：“我承认自己是一个有思想的人，并且是本着自己思想而去实行、实践的人。”[3]这表明：梁漱溟不是在学院里高谈的所谓“纯学者”，他的思想是要实行的，他是个行动者，而且是投入了自己全部生命的；他也不同于一般的实行

1 梁卫星：《改造中国的实践：梁漱溟传》，第160页。

2 梁漱溟：《这个世界会好吗：梁漱溟晚年口述》，第110页，东方出版中心，2006年出版。

3 梁漱溟：《这个世界会好吗：梁漱溟晚年口述》，第89页。

者，他的实践是以自己的独立、独特思想为指导的，因而具有高度的自觉的理性。简言之，他是以读书、思考、研究、实践为自己生命存在的方式的。研究者因此说，梁漱溟“会在历史上占有重要的地位，不单单是因为他独特的思想，而是因为他表里如一的人格”，他“以自己的生命去体现对儒家和中国文化的理想，就这点而言，他永远都是独一无二的”。[1] 对梁漱溟一生的思考与行事，冯友兰有一个概括：“百年尽瘁以发扬儒学为己任”，“一代直声为同情农夫而执言”。[2] 而在梁漱溟这里，这两方面又是统一的；人们评论他是“中国最后一个儒家”，“儒家思想导向的乡村建设派最有影响的人物”。正是后者，将梁漱溟与其他乡村建设运动的推动者，如晏阳初、陶行知、卢作孚等区分开来：他是更加自觉地以儒家思想为乡村运动的导向的，这构成了梁漱溟乡村建设思想的最主要的特色。我们先要有这样的总体认识，然后再做详尽讨论。

1　艾恺：《艾恺教授序》，《这个世界会好吗：梁漱溟晚年口述》，第 4 页。

2　冯友兰挽联，见梁卫星：《改造中国的实践：梁漱溟传》，第 199 页。

（一）

据说梁漱溟人生有“四不料”，如“不料由厌恶哲学而在大学讲哲学，终被人视为哲学家”，“不料自幼未读四书五经而后来变为一个拥护儒家思想、赞扬孔子的人”等等；而最引人注意的是：“不料自己几代人都生长在北京的都市，而成为从事乡下工作、倡导乡村建设的人。”[1]而且如前所说，梁漱溟当时是北京大学的著名教授，在学术上前途正未可限量。他这样突然改变自己的人生路向，究竟是为什么？其动因何在？我们对梁漱溟乡村建设思想与实践的讨论，正可以由此开始。

于是，我们注意到梁漱溟的如下宣示：“我所主张的乡村建设，乃是解决中国的整个问题，非是仅止于乡村问题而已”[2]，“乡村运动正是民族自觉的开端”[3]，我们的目的是“从乡村开端倪，渐渐地扩大开展成功为

1 梁卫星：《改造中国的实践：梁漱溟传》，第 2 页。

2 梁漱溟：《自述》，《梁漱溟全集》第 2 卷，第 31 页。

3 梁漱溟：《乡村建设理论》，《梁漱溟全集》第 2 卷，第 486 页。

一个大的新的社会制度”[1]，“从中国旧文化里转变出一个新文化来”[2]。这表明，梁漱溟对乡村建设问题的关注与思考，并不局限于乡村问题本身，而是着眼于“解决中国的整个问题”，是要寻找一条中国自己的发展道路，创造新的“社会制度”“新文化”之路。因此，在他看来，把“社会重心从城市移植于乡村”[3]，重新发现与觉悟乡村的意义，建设新农村，“在近代都市文明之外，辟造一种（新的）乡村文明”[4]，乃是民族新自觉的开端与标志。而在这背后，更有着对人类文明未来发展的长远思考与展望。

这正是梁漱溟的特点：他所有的思考与实践，包括对乡村建设的思考与实践，都是围绕着“中国问题是什么？如何解决中国问题？”而展开的；而且他的任务，更准确地说，他自认的使命，就是要给中国问题找出答案与解决之道。

---

1 梁漱溟：《乡村建设大意》，《梁漱溟全集》第 1 卷，第 720 页。
2 梁漱溟：《乡村建设大意》，《梁漱溟全集》第 1 卷，第 611 页。
3 梁漱溟：《敢告今之言地方自治者》，《梁漱溟全集》第 5 卷，第 252 页。
4 梁漱溟：《敢告今之言地方自治者》，《梁漱溟全集》第 5 卷，第 252 页。

那么，梁漱溟所面对的“中国问题”，又是什么呢？

1930年梁漱溟写有《中国民族自救运动之最后觉悟》一文，谈到自己1893年出生后的第二年即发生了中日甲午战争，“中国民族以其特殊文化迷醉了他的心，萎弱了他的身体，方且神游幻境而大梦酣沉，忽地来了膂力勃强心肠狠辣的近世西洋鬼子（和东洋鬼子），直寻上家门；何能不手忙脚乱，头晕眼花？何能不东撞西突，胡跑乱钻？”“我们许多先知先觉所领导的中国民族自救运动，亦于此加紧地、猛烈地进行了”。据梁漱溟观察，这样的民族自救运动分为两个阶段：前期无论是康梁变法维新运动，还是孙中山的革命运动，都是效仿西方的现代化发展道路，追求“资本主义的经济，新兴中产阶级的民主政治，近代民族国家之‘三位一体’”的体制；而梁漱溟说的后期，是指1924年“国民党改组容共以来的国民革命”，据说这是源自第一次世界大战以后出于对传统西方文明的反思而出现的共产主义、社会主义新思潮，自觉地走“俄国共产党发明的路”，即“布尔西维克”（今译“布尔什维克”）主义之路。而在梁漱溟看来，到了30年代，“以西方为师”

与“以俄国为师”这两条道路都出现了危机。他如此描述思想界与爱国志士的苦闷与困惑：民族自救运动“前后换了不知多少方式，卖了不知多少力气，牺牲了不知多少性命，而屡试无效，愈弄愈糟，看看方法已穷，大家都焦闷不知所出。究竟我们怎么会得到这步天地？事到今日，不能不回头发一深问”。[1]

这就是梁漱溟所面对的问题：“中国向何处去？”

这就是梁漱溟所要解决的问题：“为中国社会改造和发展提供新的出路。”

为此，梁漱溟连续写了两篇文章：《我们政治上的第一个不通的路——欧洲近代民主政治的路》（1930）和《我们政治上的第二个不通的路——俄国共产党发明的路》（1931），对以往的民族自救之路，进行全面的反思。但仔细阅读这两篇文章，我们却发现，他的反思是从充分肯定“欧洲近代民主政治有使我们不能

1 梁漱溟：《中国民族自救运动之最后觉悟》，《梁漱溟全集》第 5 卷，第 102、44、50、103 页。梁漱溟：《我们政治上的第二个不通的路——俄国共产党发明的路》，《梁漱溟全集》第 5 卷，第 261 页。

不迷信者”，有“所谓他的合理”“巧妙”之处，[1] 有“取法于共产党的必要”[2] 开始的。他后来对此专门有过一个说明，说他思考问题、写文章，都是“先设身处地将别人的意见，叙述得有条不紊、清清楚楚。然后再转折说出我的意见。我以往凡是批评西洋的民主政治以及批评俄国现行的制度，无不是先把人家的意见，研究个透彻，说得明明白白；然后再转折到我的批评，批评其不通，批评其不行”。梁漱溟解释说，这是因为“我原来并不曾想到著书立说、谈学问，只是心目中有问题，在各个问题中都用过心思，无妨将用过的心思说给大家听”[3]。也就是说，“走欧美的路”与“走俄国人的路”都是梁漱溟在探寻中曾经“用过的心思”，因此，他对前人的选择是有一个理解的同情的，他绝不以后来者的“事后诸葛亮”的心态来轻易否定与谴责先驱

1　梁漱溟：《我们政治上的第一个不通的路——欧洲近代民主政治的路》，《梁漱溟全集》第 5 卷，第 134—140 页。

2　梁漱溟：《我们政治上的第二个不通的路——俄国共产党发明的路》，《梁漱溟全集》第 5 卷，第 262—264 页。

3　梁漱溟：《自述》，《梁漱溟全集》第 2 卷，第 13 页。

者。对他来说，最重要的是“解决中国问题”，而不在于非要坚持某种“主义”。他说得很清楚：“当我们讨究如何解决中国问题的时候，我们的心里要完全放空洞，不存成见。凡是可以解决中国问题的办法，无不接受。”[1] 这说明，如果把梁漱溟看作一个拒绝学习西方（包括欧美与俄国）的文化保守主义者、东方主义者，并不符合梁漱溟的思想实际，至少是将其简单化了。

当然，梁漱溟在吸取西方文化的同时，又坚定不移地坚持一点：无论是近代欧美的民主政治，还是俄国式的社会主义之路，都不能根本解决中国的问题。这也是他的前述两文所要论证的重点：中国仿行这两种制度之“不成功”“物质条件之不合”“精神不合”等等。由于篇幅的限制，我们这里不作详尽介绍，而只强调一点：在梁漱溟看来，最根本的问题是，近代欧美和俄国发展之路，都根植于其自身文化传统，而与中国的文化传统脱节，“与中国从来精神不合，全不能满足中国人精神上无形的要求，则我之不能学它亦

1　梁漱溟：《精神陶炼要旨》，《梁漱溟全集》第 5 卷，第 513 页。

可明白矣！天下原无干脆的模仿袭取，而况要组织新国家，走出一条新政治途径，这是何等需要努力的大创造！”[1]这里的意思是十分明白的：对一切外国发展经验，可以吸取、借鉴，绝不可以“模仿袭取”和照搬，那都是“不通之路”。唯一的出路，是立足于自己的创造；而唯有“激发一民族的精神，打动一民族的心——他生命的深处——，而后他的真力气、真智慧、真本领始得出来，而后乃能有所创造，有所成就”[2]。这就是说，新的创造必须建立在自己民族文化与民族精神的继承与发展、发扬的基础上。由此得出的结论自然是：中国社会的改造与发展，必须走一条“以中国固有精神为主，吸取西洋人的长处”的“中西融合”之路。[3]梁漱溟因此强调：我们从此再也不要想使中国也成为一个西方式的“近代国家”，“今日已是西洋化的中国

1 梁漱溟：《我们政治上的第一个不通的路——欧洲近代民主政治之路》，《梁漱溟全集》第5卷，. 第172页。

2 梁漱溟：《我们政治上的第一个不通的路——欧洲近代民主政治之路》，《梁漱溟全集》第5卷，第172页。

3 梁漱溟：《乡村建设理论》，《梁漱溟全集》第2卷，第308页。

民族自救运动之终结”，必须“从‘民族自觉’出发”，来一个民族“自救运动再发动”，他称之为“中国民族自救运动之最后觉悟”。[1]

应该注意的是，梁漱溟提出“以中国固有精神为主的中西融合”之路，不仅是一种“民族自觉”“民族自救运动再出发”，还有一个人类文明发展的大视野。他有两个基本判断：一是中西文化的沟通是人类文明发展的趋势：“历史迫着我们往西变，同时也迫着西洋往东变。我往西变，他往东变，两方就沟通了，调和了”[2]；二是“世界未来文化正是中国文化的复兴”[3]。梁漱溟认为，“中国文化实是一种成熟了的文化，而幼稚形态未除”，因此，他又有“中国文化是人类文化早熟”之论。由于“中国文化实在传之太久”，就日见其偏，又“日以僵硬，当然弊端百出”，因此晚清以来在西洋文化冲

1 梁漱溟：《中国民族自救运动之最后觉悟》，《梁漱溟全集》第5卷，第108、113、44页。

2 梁漱溟：《乡村建设大意》，《梁漱溟全集》第1卷，第665页。

3 梁漱溟：《中国民族自救运动之最后觉悟》，《梁漱溟全集》第5卷，第115页。

击下，“只见（其）短处不见长处”，是很自然的。这样的“中国文化的老衰性，中国文化的幼稚病——实为我们的真缺欠”，逼其改革是必要的。[1] 梁漱溟因此对“五四”新文化运动对儒家的批判，并不持完全的否定态度。但梁漱溟同时又坚定地认为，中国文化比之西洋文化，是远要“成熟”的，甚至是代表了未来人类文明发展的方向的。因此，在他看来，中国传统文化经过“五四”新文化运动的批判性清理，到30年代正应该有一个新的复兴；他所期待与要发动的“民族自觉”与“民族自救运动的再出发”，就“超脱乎一民族生命保持问题”，他认为，“吾民族实负有开辟世界未来文化之使命”，并断言“世界文化转变之机已届，正有待吾人之开其先路”：“所谓民族自觉者，觉此也。”[2]

我们的讨论还可以再深入一步：梁漱溟理解的中国文化的根本又是什么呢？他也有一个明确的说明：“什么是中国文化的根？ 1.就有形的来说，就是‘乡村’；

1　梁漱溟：《乡村建设理论》，《梁漱溟全集》第2卷，第202、203页。

2　梁漱溟：《中国民族自救运动之最后觉悟》，《梁漱溟全集》第5卷，第113—114页。

2. 就无形的来说，就是‘中国人讲的老道理’。”他强调，“我们中国，偌大一个民族，有这么些人在一块儿生活，他总有他过日子的方法，总有他的规矩、制度、道理一套东西”，“我们相信，中国的老道理是站得住的。从粗处看，自然有许多要改变的地方；但根本、深处是变不得的”，但又必须“待老道理的粗处浅处需要改变处，通统破坏完了，然后才有转机，才能从真精神发出新芽，转出一个新局面来”。在梁漱溟看来，这样的老道理虽然近几十年在城市里遭到了较大破坏，但在乡村仍有保存；更重要的是，这些老道理本来就产生在中国传统的乡民社会里，乡村就自然成为其有形的载体。于是，就有了这样的选择：“以乡村为根，以老道理为根。另开创出一个新文化。‘开出新道路，救活老民族’，这便是‘乡村建设’。”[1] 由此我们也就懂得：梁漱溟提出要从乡村建设入手，来创造新社会制度、新文化，就是要通过乡村的组织与建设，使中国传统

1 梁漱溟：《乡村建设理论》，《梁漱溟全集》第 2 卷，第 613、614—615 页。

的“老道理”得以复兴。梁漱溟强调，这是“老根复活”，是“旧生命”的“新创造”，一种“再生”，而绝不是复古复旧。[1]可以说，乡村建设是梁漱溟终于找到的中国文化、中国民族再生自救之路。

某种程度上，这也是他个人人生上的自救之路。他曾经如此“言志”：“我觉得现在的中国，必须有人一面在言论上为大家指出一个方向，而且在心地上、行为上大家都有信赖于他。”[2]因此他放弃北大的教职，毅然到农村推动乡村建设运动，就是要为彷徨苦闷中的国人指出方向，并以行动获取信赖，以实现自己的价值与理想。梁漱溟一再申明，著书立说，当教授、学者，本非他所愿；他要做的，是一个“解决中国问题”的思想者与实践者。

这样，梁漱溟也就为同时期方兴未艾的中国乡村建设运动打上了自己个人的鲜明印记。从表面上看，晏阳初、陶行知、卢作孚等人，也都提出过走中国自

1 梁漱溟：《精神陶炼要旨》，《梁漱溟全集》第5卷，第506—508页。

2 梁漱溟：《朝话·言志》，《梁漱溟全集》第2卷，第46页。

己的发展道路，强调中西融合；但他们实际上都是倾向于欧美近代民主政治的。因此，他们对中国传统资源的吸取，着眼于寻找传统与西学的联接点，比如晏阳初开掘的儒学资源，即是以其“民本主义”（“民为邦本”）和西方人本主义与现代人权、民主思想相衔接。用晏阳初的话说，就是要“保持和发展中国社会民主哲学的宝贵财产，引进和实行西方政治民主思想的精华，以此奠定现代民主中国的基础”[1]。在一定意义上，我们可以说，晏阳初等走的是一条“西学为体，中学为用”的乡村改造之路。而如前所说，梁漱溟恰恰对西方的民主政治有一种批判性的审视，他强调的不是中国传统与西方文化的契合之处，而恰恰是不同于西方的，而在他看来又是高于西方的儒家思想之本，即他说的“中国老道理”。在这个意义上，可以说，梁漱溟奉行的是“中学为体，西学为用”的乡村建设路线。

这大概也是今天讨论梁漱溟乡村建设思想的意义所在：晏阳初等的民主政治之路，是我们比较熟悉的，

1　晏阳初：《致M. 菲尔德》（1945年4月28日）。

其中许多观念都已成为我们的思维定式；现在正需要从梁漱溟这里看到另一种观念、思路，另一种选择，另一种可能性，以便和我们原有的乡村建设认识，形成一个张力，撑开我们的思维与想象空间。也许我们最后仍然不能认同梁漱溟的观念和主张，但他的思考与实践，却可以使我们对中国问题，特别是中国乡村问题的认识与解决途径复杂化、立体化、多元化。

（二）

以上是关于梁漱溟乡村建设思想的总体讨论：他为什么要做？他要做什么？现在，我们可以进一步讨论：他怎么做？他主张乡村建设的路怎么走？这里，又有三个层面的问题。

第一，解决中国问题的动力何在？依靠什么力量推动乡村建设？梁漱溟的回答同样干脆而明确："中国问题之解决，其发动主动以至于完成，全在其社会中知识分子与乡村居民，合并在一起构成之一力量。"

为什么必须依靠知识分子首先发动？这关系到梁

漱溟对中国乡村建设运动的一个基本判断：这是一个“由外面问题引发内部问题”的由外到内的运动。他具体分析说，外面的引发力量有三，一是“受外部压迫打击，激起自己内部整顿改革的要求”，二是“领会了外来的新理想，发动其对固有文化革命的要求”，三是近代历史发展将中国“卷入到外面世界旋涡来，强迫地构生一个全新的中国问题”。这就决定了首先觉悟中国问题、要求乡村变革的，必然是“最先和外面接触的知识分子”。也就是说，乡村改造与建设的最初动力，不可能直接来自“乡村居民”自身，而只能是“先知先觉的知识分子”，在这个意义上，他们在乡村改造与建设中是“主”而不是“宾”。[1]

梁漱溟同时强调：“社会的生路要在乡村求，知识分子的生路也要在乡村求。”这是梁漱溟的一个信念：中国文化的根在乡村，中国人，包括中国知识分子的精神家园也在乡村。他因此对中国知识分子的人生轨迹、精神发展之路，做了这样的分析与概括：首先要“走

1　梁漱溟：《乡村建设理论》，《梁漱溟全集》第 2 卷，第 450—459 页。

出乡村”，这样才能“与西洋文明接气”，并产生改造与建设乡村的要求；于是，又要“回到乡村”，“建设新社会”，同时也找到自我生命的归宿。正是在这一“出”一“回”之间，“完成东西方文明的沟通工作”，实现知识分子的使命。[1] 我想，今天中国的志愿者读到梁漱溟当年的这一总结自会有亲切感：因为许多年轻朋友也正是在践行这样的“出去—归来”的人生轨迹。

梁漱溟认为，作为志愿者来到乡村的知识分子，其主要作用是“沟通”。作为一个现代社会运动，乡村建设绝不能是自我封闭的，而必须“让内地乡村生活与外面世界交通，借以引进科学技术”和先进思想；这就要依靠志愿者“内外相通，上下相连”，“使下边社会实际问题与上边学术研究机关相连”[2]，同时把作为教员的志愿者的“知识头脑与本地人之实际经验”结合起来[3]。

当然，作为乡村社会运动，不仅运动推动者的知

1 梁漱溟：《乡村建设理论》，《梁漱溟全集》第 2 卷，第 479、481 页。
2 梁漱溟：《乡村建设大意》，《梁漱溟全集》第 1 卷，第 711、714 页。
3 梁漱溟：《乡村建设大意》，《梁漱溟全集》第 1 卷，第 685 页。

识分子应占“主导”地位，本地的居民更应该是“主体”。道理是明显的：“单靠乡村以外的人来救济乡村是不行的”，更何况外边人“不了解乡村的情形，不知道乡村的需要，所用的方法不合，结果往往祸害了乡村”，因此，乡村建设运动顺利、健康发展的关键，还是要“靠启发农民自觉”，吸引其广泛参与，并发挥其主动性。[1]

以上所说“知识分子（志愿者）与农民的结合”，也即所谓“上层动力与下层动力”的相互“接气”，[2]其实是20世纪三四十年代乡村改造与建设运动的一个共识，我们已多有讨论。能够构成梁漱溟个人特色的，是他提出的“乡村居民”的概念，并以全体乡村居民为发动与依靠对象的思路。这自然是有针对性的，即他不赞成同时期共产党领导的农民运动在乡村作阶级的划分，从“农工、无产者、被压迫者中”寻求动力；在他看来，中国农村“不独没有形成阶级的对抗，乃至职业的或经济上同地位的联结，也每为家族的或地

1 梁漱溟：《乡村建设大意》，《梁漱溟全集》第1卷，第617页。
2 梁漱溟：《乡村建设理论》，《梁漱溟全集》第2卷，第459页。

方乡土的关系所掩”。[1] 他提出“乡村居民”的概念，就是要强调这样的“地方乡土”与“家族”关系中的共同性，以形成建立在亲情与乡亲基础上的“乡村共同体”，而反对夸大经济地位的区别来制造对立和相互斗争。他以为后者会导致乡村的分裂，而不利于乡村的和谐、统一与建设。不仅如此，在他看来，在乡村家族、宗族中占据主导地位的地方乡绅，不但不能像共产党领导的农民运动那样，成为主要打击对象，而且也应该是乡村建设运动的重要动力与依靠对象。因此，在他设计里的“村学、乡学”组织结构里，除了包括“村中和乡中男妇老少一切人等”的“学众”之外，还有“村中或乡中有办事能力的人”和“村中和乡中品德最尊的人”，分别担任“乡董”与“乡长”，在乡村建设中实际居于领导的地位。[2] 我们将在下文中对此再作详尽讨论。

第二，问题是，发动起知识分子和乡村居民以后，

1　梁漱溟：《乡村建设理论》，《梁漱溟全集》第 2 卷，第 454、448 页。

2　梁漱溟：《乡村建设大意》，《梁漱溟全集》第 1 卷，第 676 页。

又怎样进行“乡村建设”？这又首先要弄清楚：中国的乡村缺少什么，最需要解决什么问题？有意思的是，梁漱溟正是在中西对比中发现了中国农村（也是中国社会）的三大问题：一是科学技术的落后导致的经济落后；二是“西洋文化的战胜，胜于其组织能力”，“散漫无力，实为中国近百年来所以失败的唯一原因”；[1] 三是“现在中国乡村社会，不止是经济破产，精神风貌亦同样破产。这是指社会上许多旧信仰观念、风尚习惯的动摇摧毁，而新的没有产生树立，以致一般乡民都陷于窘闷无主、意志消沉之中”。[2] 在梁漱溟看来，这正是乡村建设所要解决的问题：农村的组织化，农村经济的发展，以及为农民寻得精神的出路。

问题如何解决？最简便的方法，是向西方学习。这也确实是梁漱溟曾经考虑过的思路。他的《乡村建设理论》就谈到了“西洋人”的四大“长处”：“一是团体组织——此点矫正了我们的散漫；二是团体中的

1　梁漱溟：《中国之地方自治问题》，《梁漱溟全集》第 5 卷，第 320 页。
2　梁漱溟：《乡村建设理论》，《梁漱溟全集》第 2 卷，第 425 页。

分子对团体生活会有力的参加——此点也矫正了我们被动的毛病；三是尊重个人——此点比较增进了以前个人的地位，完成了个人的人格；四是财产社会化——此点增进了社会关系。”梁漱溟认为，西洋人、西方文化的这些长处，是应该充分“容纳”的。[1]这大概也是20世纪三四十年代的乡村改造与建设运动的一个共识。如前所说，走以工业化和民主政治为核心的西方现代化道路，是一个主导性的潮流。

但梁漱溟之为梁漱溟，就在于他在对欧美工业化道路、民主政治理念与实践给予充分的肯定与理解的同情的同时，还提出了他的质疑。质疑主要有以下几个方面：1. 强调“自由竞争”，忽视“合作图存”，容易导致“贫富不齐”，产生“阶级”的对立。[2] 2.“自由主义把经济认成是个人的事，国家不要操心”，导致“政治与经济分离”。[3] 3.“工商业撇开了农业，超过了农业，自己去发展；而农业还受到严重的抑压”，“都市与乡

1 梁漱溟：《乡村建设理论》，《梁漱溟全集》第2卷，第309页。

2 梁漱溟：《乡村建设理论》，《梁漱溟全集》第2卷，第513、430页。

3 梁漱溟：《乡村建设理论》，《梁漱溟全集》第2卷，第562—564页。

村仿佛成了两个极端”，导致了工商业与农业、都市与乡村的分离与对立。[1] 4.“从个人本位自由竞争，演为经济上之无政府状态，人类失去支配力”，导致“物支配人”而不是“人支配物”。[2] 5.“资本主义下的工商业，只是发财的路，而不是养人的路”，是“以钱为本”，而不是“以人为本”。[3] 6.西洋人“看人生是欲望的人生。所谓尊重个人自由就是尊重个人欲望。国家一面消极地保护个人欲望，一面还积极地为大家谋福利，帮助满足个人欲望。故西洋政治可谓‘欲望政治’”。这样的“谋生存满欲望”的“目标”，可以收得一时之效，却因为忽略了人的精神要求，而不能打动人的“真心”，就远离了人之为人的本性。[4] 7.西方民主政治“公事多数表决”的原则和方法，不仅“与中国尊师敬长的意思不合”[5]，而且容易忽视少数人的意见，而“多数未必

---

1 梁漱溟：《乡村建设理论》，《梁漱溟全集》第2卷，第558页。

2 梁漱溟：《乡村建设理论》，《梁漱溟全集》第2卷，第561页。

3 梁漱溟：《山东乡村建设研究院设立旨趣及办法概要》，《梁漱溟全集》第5卷，第224、229页。

4 梁漱溟：《中国之地方自治问题》，《梁漱溟全集》第5卷，第339—340页。

5 梁漱溟：《乡村建设大意》，《梁漱溟全集》第1卷，第456—457页。

就对”，“取决多数只是一个省事的办法”，并不是真正的“理性”原则。[1] 8. 西方民主政治中的“私事不得干涉”的原则，如果将其绝对化，也“与中国重道德的风气不合”，“在中国人看，一件事情，虽然不算犯法，而在私人道德上或者成问题；这样的事情，在中国是要受干涉的”。这里的问题是：“西洋把法律与道德分开了”，“中国的礼与法（礼俗与法律）是相连的”。[2] 9. 根本的问题，是西方“讲法不讲情”，注重“外面有形”的强制性的法律的规定、束缚，而忽视人的“内里”的自动的道德约束，人际关系中人情的无形制约；西方“一切从（个人）权利出发”，而忽略了人对团体和他人的自觉的责任与义务。[3]

梁漱溟对西方工业化和现代民主政治的弊端的这些观察与判断，使得他得出一个结论：面对西方的压力与挑战，中国必须克服自身的弱点，引进新的科学技术，发展中国经济，并真正组织起来；但中国不能

---

1 梁漱溟:《乡村建设理论》,《梁漱溟全集》第 2 卷，第 290 页。

2 梁漱溟:《乡村建设大意》,《梁漱溟全集》第 1 卷，第 658 页。

3 梁漱溟:《乡村建设理论》,《梁漱溟全集》第 2 卷，第 168 页。

走西方现成的现代化道路，而必须另辟蹊径：要从中国自身的传统，主要是儒家传统里寻找解决当代中国问题的资源。

于是，就有了"'乡约'的补充改造"命题的提出。梁漱溟对此有一个明确的交代：他所找到的"乡约"，并非"明、清两代政府用政治力量来提倡的那个乡约，而是指当初在宋朝时候，最初由乡村人自己发动的那个乡约"。它是"乡里乡党"的自发、自动组织，并有称为"四大纲领"的相互约定："一、德业相劝；二、过失相规；三、礼俗相交；四、患难相恤。"由此显示的是两个特点：这是一个"情谊化"的、"以人生向上为目标"的组织；它又"见诸实际"，是一个行动化的组织。所谓"乡约"，就是"大家相约来办事"，具体地说，就是办社学，办保甲，办社仓："社学即一教育机关，社仓是经济机关，保甲则是自治自卫——政治机关。"这是一个"教育、经济、政治都包含进去"的乡村组织。而梁漱溟所说的"补充改造"则有四点：其一，"将消极的彼此顾恤，变成积极的有所进行"；其二，将"偏乎个人"并"有所限"的自发组织，变成一个“永远开展”的，有着“改造社会，创造新文化”高远目标的自觉组织；其三，不局限于“一乡之约”，而要“由乡与乡的联络，而渐及于县与县、省与省的联络”；其四，“是私人的提倡或社会团体的提倡，以社会运动的方式推行”，是“有志愿的人的结合”，“不可以借助政治的力量”，要始终坚持其民间性。[1]

其后在曹州、邹平的乡村建设实践里，梁漱溟又将这样的“乡约的补充改造”具体化为“村学、乡学”的试验。如梁漱溟所说，村学与乡学，既是一个包括全村、全乡人在内的学校，又是一个乡村组织，“是花自家的钱，办自家的事，设备为大家所公有”[2]，其目标又是“大家齐心学好向上求进步”，显然是将“建设”(做事)与“教育”功能集为一身[3]。而其具体工作则有两项：一是“酌设成人部、妇女部、儿童部等，施以其必须之教育，期于本村社会中各分子皆有参加现社会之生

---

1 梁漱溟:《乡村建设理论》,《梁漱溟全集》第 2 卷，第 320—322、330—334、338、339 页。

2 梁漱溟:《乡村建设大意》,《梁漱溟全集》第 1 卷，第 666—668 页。

3 梁漱溟:《乡村建设大意》,《梁漱溟全集》第 1 卷，第 668 页。

活能力”；二是“相机倡导本村所需要之各项社会改良运动（如反缠足、早婚等），兴办本村所需要之各项社会建设事业（如合作社）等，期于一村之生活逐渐改善，文化逐渐提高。并以协进大社会之进步”。[1]

而且还有这样的组织构成的设计，村学、乡学的组织由“学众”“学董”“学长”“教员”四部分人组成，发挥着各自“独立不同的作用”：“学众”即全村、全乡所有的居民，他们是“改进乡村社会，解决乡村问题的主力，乡村社会的主体”，最主要的职责是积极参与团体公共事务，并起“立法”作用；“学董”是村（乡）中“最有能力的人”，即为“乡村领袖”，他们的职责是处理公共事务，并负责沟通政府与乡村组织，起“行政”作用；“学长”为村（乡）中“品德最尊的人”，“民众群情所归”，又由“县政府礼聘”，他“主持教育，为各该区居民之师长，不负事务责任”，起“监督”与“调和”的作用；“教员”即外来的志愿者，他们的职责是沟通上下内外，将外面、上面的先进技术与思想，引

1　梁漱溟：《乡村建设大意》，《梁漱溟全集》第1卷，第572—573页。

入乡村，与本地实际情况和经验相结合，起“推动设计作用”。[1]

梁漱溟认为，这样的村学、乡学是一个“最完善、最妥当、最合中国实情的组织”，它同时解决了我们在前面一再提及，也是梁漱溟念兹在兹的中国科学技术落后与非组织化的问题；更重要的是，它提升了乡村的“生机活力”，“能够尽其改进（乡村）社会之功”，并为创造中国未来新的社会结构与新的文化奠定基础。[2]

如果再做进一步的考察，就可以发现，梁漱溟设计、领导实施的村学、乡学试验，具有两个重要特点，也可以说是梁漱溟的两大自觉追求。

其一，“政治、经济、文化、社会合一”。梁漱溟指出，“中国的问题原来是混整的一个问题，其曰政治、经济、文化三问题者，分别三方面看之耳，并不是当真有分得开的三个问题。因此，在这一大问题中，苟其一面

---

1 梁漱溟：《乡村建设大意》，《梁漱溟全集》第 1 卷，第 676—697 页。

2 梁漱溟：《乡村建设大意》，《梁漱溟全集》第 1 卷，第 710—711、714、720 页。

得通，其他两面皆通；若不通时，则一切皆不通。政治、经济两面，彼此互不能离开而单独解决，大概人都晓得；其实，中国政治上出路、经济上出路，不得离开他那固有文化的出路，亦是自明之理”。[1] 这是一个非常重要的思路。

这里，先不妨把话题拉开，讨论梁漱溟关于中国工业化和农村经济发展道路的思考。大体来说，他有三个方面的思考。首先是强调：“我们所走的路，显然与西方近代所走的路不同。西方近代是从商业到工业，我们是从农业到工业。”[2] 在梁漱溟看来，“从农业来引发工业，这是我们的翻身之路”，“工业向农村分散，农业工业相结合，都市乡村化，乡村都市化，这许多本是世界的新风气新理想，其中实含有人类自然的要求。”[3] 他实际上是在其中寄寓了自己对未来人类社会发展的某些理想的，这在今天仍不失其意义。梁漱溟在

1 梁漱溟：《朝话·中国文化本位宣言》，《梁漱溟全集》第 2 卷，第 124 页。

2 梁漱溟：《乡村建设理论》，《梁漱溟全集》第 2 卷，第 513 页。

3 梁漱溟：《乡村建设理论》，《梁漱溟全集》第 2 卷，第 508—512 页。

谈及中西发展经济的不同思路时，还谈到一点："西方是自由竞争，我们是合作图存。"[1] 他是主张"将农民纳入合作组织"中来发展农村经济的：不仅合作引进科学技术，兴办水利工程，而且发展信用合作，促进农村金融流通。他提倡"合作主义"精神：不同于西方的个人本位或社会本位主义，而是"个人与团体并重"："合作社是联合个人组成团体，于团体中不废个人。"[2] 梁漱溟发展农村经济思想的第三个方面，是要"以人为本"[3]，在他看来，"在经济问题的解决中，实以调整人的关系为首要；其次才是人对自然的问题"[4]。因此，农村经济的发展，就不仅是一个纯粹经济技术的问题，而"必须注意经济以外而与经济相关系那四周围一切事情"，如"复苏农民精神"，"从伦理情谊来调整社会关系"等。[5] 这实际上就是将经济与政治、文化、社会问题合为一体。

---

1 梁漱溟：《乡村建设理论》，《梁漱溟全集》第 2 卷，第 513 页。

2 梁漱溟：《乡村建设理论》，《梁漱溟全集》第 2 卷，第 424—433 页。

3 梁漱溟：《山东乡村建设研究院设立旨趣及其解决办法概要》，《梁漱溟全集》第 5 卷，第 229 页。

4 梁漱溟：《乡村建设理论》，《梁漱溟全集》第 2 卷，第 513 页。

5 梁漱溟：《乡村建设理论》，《梁漱溟全集》第 2 卷，第 425—426 页。

其二，“政教合一”。梁漱溟解释说，“政教合一之‘教’乃道德问题”，“‘教化’二字庶几近之”，“故所谓政教合一，即政治教化合一也”。[1]这里包含有两层意思：一是“政治、经济、教育三者合一”，而教育“应居于最高位，领导一切”；因此，梁漱溟设计的村学、乡学既是村民、乡民自治的政治组织、集体合作办事的经济组织，同时是一所大学校，教育贯穿、引领于一切经济、政治活动中，即“建设寓于教育”[2]。而所谓“教育”，重心又在社会教育、民众教育，并不限于知识技能教育，更重“生命本体”的激发与培育，即所谓“读书明理”，“其理正在人生之理”。[3]二是一个管理、组织原则：“在团体（村学、乡学）中遇到问题发生，不愿意用法律解决的办法，必须彼此有情有义的相待，换句话说，我们是要以代表情理的学长来监督教训大众，

1 梁漱溟:《中国之地方自治问题》,《梁漱溟全集》第 5 卷，第 337 页。

2 梁漱溟:《乡村建设理论》,《梁漱溟全集》第 2 卷，第 565、528、472 页。

3 梁漱溟:《自述》,《梁漱溟全集》第 2 卷，第 34 页;《乡村建设理论》,《梁漱溟全集》第 2 卷，第 341、342 页。

把法律的问题放在德教的范围内。”[1]这就意味着，一要打破“法律至上”的西方民主政治的原则，而将法律置于中国传统的“德教”范围内；二要防止将“服从多数”的西方民主政治原则绝对化，将中国传统的尊重贤智的原则与西方服从多数原则“融会变化，慢慢合一”。[2]

这背后正隐含着一个理念：“乡村组织要以中国的老道理为根本精神。”[3]这应该是梁漱溟乡村建设思想的核心和最有其个人特色之处，是我们要讨论的第三个方面、也是最深层次的问题。

梁漱溟所看好的“中国老道理”，其要点有四。一曰“伦理本位”。梁漱溟解释说，“伦理关系始于家庭，而不止于家庭。何为伦理？伦即伦偶之意，就是说，人与人之间都在相互关系中”，“伦理关系及情谊关系，也即表示相互间的一种义务关系”，“彼此互以对方为重：一个人似不为自己而存在，乃仿佛互为他人而存

---

1 梁漱溟：《乡村建设大意》，《梁漱溟全集》第1卷，第707页。

2 梁漱溟：《中国之地方自治问题》，《梁漱溟全集》第5卷，第342–343页。

3 梁漱溟：《乡村建设大意》，《梁漱溟全集》第1卷，第653页。

在。这种社会，可称伦理本位的社会”。[1] 因此，在社会上，“家庭与宗族在中国人生上占极重要位置，乃至亲戚、乡党亦为所重。习俗又以家庭骨肉之宜推广于其他，如师徒、东伙、邻右，社会上一切朋友、同侪，情义益以重”；在经济上，也是强调家人、亲戚、朋友“彼此顾恤，互相负责”；在政治上则“举国家政治而亦家庭情谊化之”，“如何让人人彼此伦理上的关系各到好处（父父、子子、君君、臣臣），是其政治上的理想”。[2] 在梁漱溟看来，中国传统的伦理本位所形成的这些社会、经济、政治上的特点，是可以作为乡村建设，以致整个中国发展的有价值的资源的。

二曰“教化、礼俗、自力”。梁漱溟指出，“从来中国社会所赖以维持者，不在武力统治而宁在教化；不在国家法律，而宁在礼俗。质言之，不在他力而宁在自力。贯乎其中者，概有一种自反的精神，或曰向里用力的人生”，由此而形成了一种独特的精神和道德

1　梁漱溟：《乡村建设理论》，《梁漱溟全集》第 2 卷，第 168 页。

2　梁漱溟：《乡村建设理论》，《梁漱溟全集》第 2 卷，第 168—179 页。

品质：一方面是“反省、自责、克己、让人、学吃亏”，另一方面是“勤俭、刻苦、自励、要强”。[1]梁漱溟称之为“理性”精神，这就能达到“平静通达”，“吾人心里平平静静没有什么事，这个时候，彼此之间无论说什么话，顶容易说得通。这似乎很浅、很寻常，然而这实在是宇宙间顶可宝贵的东西”。[2]中国的乡村建设正是应该建立在这样的理性精神之上。

三曰“人生向上之义”。不同于西方的“欲望政治”，中国传统“把穿衣吃饭生活放在第二位”，更看重“安饱以上”的“道”，即人的精神生活，“要求更高更深，在人心深处有其根据”，“把众人生存的要求，与向上的要求合二为一”。[3]梁漱溟指出，“人生向上，士气的提振，这是乡约的根本”[4]，这同时也应是乡村建设的根本。

四曰“崇尚贤者”。中国传统注重的“是人治而非

1　梁漱溟：《乡村建设理论》，《梁漱溟全集》第 2 卷，第 179—180 页。
2　梁漱溟：《乡村建设理论》，《梁漱溟全集》第 2 卷，第 181 页。
3　梁漱溟：《中国之地方自治问题》，《梁漱溟全集》第 2 卷，第 339—340 页。
4　梁漱溟：《乡村建设理论》，《梁漱溟全集》第 2 卷，第 331 页。

法治","不以死板的法为高,而以活的高明的人为高"。[1] 梁漱溟认为，在现代社会，"理性越发达，文化越进步的社会，越应当尊重学术，尊重专门知识：这恐怕是永远的必要"。乡村建设的要义就是"开出多数人接受高明的少数人领导的路子"，"就是提高教育在社会中的地位",[2] "少数贤智之士的领导与多数人的主动,二者可以调和，并不冲突"。[3]

可以看出，梁漱溟的真正着眼点，是从乡村建设出发、入手，建设一个新的理性社会、理性文化。在他看来，理性正是中国儒家文化、中国传统精神的核心。他说，"孔子恰与宗教相反，他不建立一个大的信仰目标，他没有独断的标准给人，而要人人自己反省"，"他相信人有理性，他要启发人的理性。超越观念不合他的系统，强权势力他也不受，乃至多数人的意见他也不一定合理。唯理所在，甘之如饴，于是就开出中国的讲理之风"；"理性，一面是开明的——反乎愚蔽；

1 梁漱溟:《乡村建设理论》,《梁漱溟全集》第 2 卷，第 293 页。
2 梁漱溟:《乡村建设大意》,《梁漱溟全集》第 1 卷，第 710 页。
3 梁漱溟:《乡村建设理论》,《梁漱溟全集》第 2 卷，第 292 页。

一面是和平的——反乎强暴；故理性抬头，愚蔽与强暴可免”，“儒家彻见及此，而深悯生民之祸，乃苦心孤诣，努力一伟大运动”，将宗教、法律、制度、政治（包括军事、外交、内政），乃至人生的一切公私生活“悉化为礼，而言礼必本乎人情”。[1] 在这个意义上，我们可以说，梁漱溟倡导的乡村建设运动正是一个中国传统儒学的复兴运动。

今天我们来看梁漱溟的乡村建设理论与实践，不能不有许多的感慨。尽管我们未必完全赞同他对西方文化与中国文化的分析，他的一些具体设计，也会因为和中国当下的农村现实相距较远，而不具有可操作性；但他所面对、所要解决的中国问题、中国农村问题却是真实的，今天依然存在，而且远比梁漱溟时代复杂。就他所关注和讨论的西方工业化与民主政治的得失而言，在当下的中国，一方面，可以借鉴的方面并未充分吸取；另一方面，梁漱溟十分警惕、引以为戒的弊端，已经严重地侵蚀了我们的社会肌体，面对“欲

1 梁漱溟：《乡村建设理论》，《梁漱溟全集》第 2 卷，第 184 页。

望第一、物质第一、金钱第一”的拜金狂潮，面对“个人权利至上，拒绝承担义务；个人利益至上，拒绝承担对群体的责任”的极端利己主义和道德虚无主义思潮，我们不能不感到梁漱溟当年的批判的远见与力量。或许更具启发性的，是他的“以中国固有精神为主而吸取了西洋人的长处的东西融合”的发展思路，他所提出的“权利与义务的统一”“个人与团体并重，彼此以对方为重”“道德与法律合一”“贤智之士的领导与多数人的主动的调和”等命题，都可以作为我们今天的新探索的思想资源。

（三）

“精神的陶炼”，即志愿服务乡村的建设者的精神培育，是梁漱溟乡村建设思想与实践的一个重要方面。

梁漱溟一再说明，他的最基本的思想，是“以‘人’为本”：因此，他不仅在乡村建设中提出，最根本的是要提升“人”（农民）的精神，而且在乡村运动自身建设上，也把“人”（志愿者）的精神的培育、提升，放到首要位置。梁漱溟还说过，“有两个问题占据了我的头脑”，一是“现实问题”，一是“人生问题”。[1] 可以说，他一生就是要解决社会与人生两大问题。他因此提出“要复兴古人讲学之风，把讲学与社会运动打成一片”[2]。所谓“讲学”，就是讨论人生问题；他要把对人生问题的探讨与乡村建设的社会运动结合起来，这又集中体现在他对乡村建设的志愿者的“精神的陶炼”上。

于是，就有了这样的试验：用中国传统的书院的方式，对乡村建设者进行精神陶炼。在梁漱溟准备去山东参与乡村建设运动之前，他曾经和一群追随者在北平什刹海租了一所房子，在那里讲学、读书、思考、讨论；后来在山东办乡村建设研究院，也沿袭了这样的讲学方式。他对讲学中的一个重要环节——朝会——作了这样的描述：

“如在冬季，天将明未明时，大家起来后在月台

1 梁漱溟：《这个世界会好吗——梁漱溟晚年口述》，第 32 页。

2 梁漱溟：《朝会的来历及其意义》，《梁漱溟全集》第 2 卷，第 40 页。

上环坐，疏星残月，悠悬空际，山河大地，皆在静默。唯间闻更鸡喔喔作啼。此情此景，最易令人兴起，特别地感觉心地清明、兴奋、寂静，觉得世人都在睡梦中，我独清醒，若益感到自身责任之重大。在我们团坐时，都静默着，即使讲话也讲得很少。我们就是这时候反省自己，这是我们生命中最可宝贵的一刹那。朝会时，要大家心无旁骛，讲话则声音低微而沉着，能达人人心里的深。”[1]

这里讲到了“心里的深”。梁漱溟关注的社会问题与人生问题其实是涉及三个领域的，即“人与自然的关系”、“人与人的关系”以及“人与自身的关系”。如果说他推动的乡村建设运动主要是解决人与自然、人与人的关系；那么，他的讲学则是要解决更深层次的人与自身的关系，即进入“心里的深”，自我生命的最深处。这或许是梁漱溟的思想最具魅力之处。我们也因此选录了比较多的梁漱溟在朝会上的讲话，即所谓“朝话”。“朝话”的内容颇为精深，需要读者细细品味，

1　梁漱溟：《朝会的来历及其意义》，《梁漱溟全集》第 2 卷，第 41 页。

在某种程度上，这也是每个人独自与梁漱溟先生进行的心灵对话。这里仅谈些自己的感悟，以作交流。

梁漱溟把他的“陶炼要旨”归结为四个字：“深心大愿。”

先说“大愿”。梁漱溟阐释说：就是要有“大的志愿力”，“发大愿心”；“要有真问题，不要有假问题；要有大问题，不要有小问题”。这有两个层面：一是想真问题、大问题，一是要立志做解决真问题、大问题的人。想真问题、大问题，就要“超越个体生命”，也超越“个人的善”，“感觉个体生命问题以上的问题”。[1] 梁漱溟因此对乡村建设的志愿者说：“我们除了不说话，说话就说大话；我们除了不讲，讲就讲大道理，拼命往大里去！”所谓“大话”“大道理”，在梁漱溟看来，就不仅是要“发愿改造我们乡村”，“更大而改造我们的社会，创造人类新文化”。这是一种着眼于全社会、全人类的改造和发展的大视野；而且对梁漱溟来说，并不是一时的豪言壮语，而是建立在他

1　梁漱溟：《精神陶炼要旨》，《梁漱溟全集》第5卷，第493—494页。

的基本信念基础上的：如我们前文所讨论的，梁漱溟是把他所推动的乡村建设运动视为“解决中国的整个问题”,“为人类文明未来发展开辟新天地”的出发点的。他之所以谆谆告诫中国的年轻乡村志愿者眼光要“拼命的往大里去”，就是要提醒他们不能忘记了自己奋斗的大目标。

梁漱溟如此提倡“想大问题”，还有更深的用意：这关系着他对“人”的理解。他说,“如果大家要问我，怎样是‘人’？我的回答：人就是感觉顶敏锐、顶快、顶多、顶大——无所不感觉。这样就是人，人与其他动物不同即在此”,“动物虽然苦，然而苦不过人；人如果觉得苦，那是真苦啊！人要是快乐，那才是真快乐啊！其感觉特别多、特别大、特别深刻、特别敏锐者谓为‘人’”,“‘人’亦即‘仁’也，俗人与超脱之人之分别亦在此。俗人问题少、问题小、问题浅；他的感觉迟钝，感觉不够，亦即其‘仁’不够也。我们并不是想做一个超过常人的人，并不想与众不同；可是不愿意做一个不够的人，倒愿意圆足人类所具之可能性”。[1] 在梁漱溟看来，人之为人，就是人有思想，有精神追求；问题想得越人、越深，越能充分发挥“人类所具之可能性”，就是“大仁”之人、超俗之人，也即真正的人。

梁漱溟要求自己与勉励大家都做“想大问题”的“大人”，其本身也是蕴含着一个大问题、真问题的，即他对他所处的时代问题的一个痛切的体认：“中国陷于左右来回的双重矛盾中，伦理本位的社会崩溃了，而如西洋一样的个人本位或社会本位的社会也未建立。在这东不成、西不就的状态中，处处是矛盾，找不到准辙，没有法子相安——为父者不知应如何为父，为子者不知应如何为子，为婆为媳者不知应如何为婆为媳。在学校先生也不好当，学生也不好当，因而家庭父子之间、学校师生之间、朋友同侪之间，乃至政府与人民、上级官与下级官，统通不能相关，彼此找不出一个妥协点来。”在这样的矛盾、彷徨、混乱之中，就需要有“真正的通人”，也即真正能想大问题、真问题，解决大问题、

1 梁漱溟：《精神陶炼要旨》，《梁漱溟全集》第5卷，第494页。

真问题的人出来，“开出我们现在应当走的路，解决许多矛盾，建立新的社会”。[1]

梁漱溟显然认为自己就是这样的应运而生的“真正的通人”。他在“朝会”的一次讲话里，就如此“言志”：“我愿终身为民族社会尽力；并愿使自己成为社会所永久信赖的人。”他说：“我觉得现在的中国，必须有人一面在言论上为大家指出一个方向，而且在心地上、行为上大家都有所信赖于他。然后散漫纷乱的社会才仿佛有所依归，有所崇信。一个复兴民族的力量，要在这个条件下，才能形成。”值得注意的是，梁漱溟要求自己的，不仅是给社会指路，更要提供“为社会大众所信托的人格”，给社会以力量与信心。梁漱溟说他“是对中国前途充满了希望，绝对乐观的人。我胸中所有的是勇气，是自信，是兴趣，是热情”，而在整个社会陷于彷徨、焦虑、绝望、虚无情绪时，这样的勇气、自信、兴趣、热情，是能够起到拯救民族

1 梁漱溟：《乡村建设理论》，《梁漱溟全集》第2卷，第207、208页。

精神的作用的。[1] 人们不难从中看到梁漱溟"当仁不让、舍我其谁的天命意识"。当年他在给儿子的信中就这样写道："'为往圣继绝学，为来世开天平'，此正我一生的使命。""我若死，天地将为之变色，历史将为之改辙，那是不可想象的，万不会有的事！"[2] 这绝不是一时之狂言，而是一种中国传统士大夫，也是现代知识分子的社会责任感与历史使命感。

因此我们不能不发出感慨：今天的中国，正需要梁漱溟这样的知识分子。历史仿佛正在重演：梁漱溟当年所面对的"左右来回的双重矛盾""东不成、西不就的状态"、整个社会（家庭父子之间、学校师生之间、政府与人民之间，等等）都"找不到准辙，没有法子相安"，不就是今日之中国的写照，不正是我们每天都同样要面对的真问题、大问题？在这样的时刻，历史正呼唤着梁漱溟式的"想大问题，解决真问题"的真正的"人"的出现，不仅是要探索民族振兴之路，更

1 梁漱溟：《朝话·言志》，《梁漱溟全集》第 2 卷，第 46—48 页。

2 转引自梁卫星：《改造中国的实践：梁漱溟传》，第 159 页。

要以其勇气与自信，提振陷于颓败的民族精神。呼唤“梁漱溟式”的人，就是说，我们需要的是千千万万的大大小小的“梁漱溟”，而且只要愿意与努力，我们每一个人，特别是每一个有志青年、每一个乡村志愿者，都能够成为梁漱溟那样的“想大问题、真问题，解决大问题、真问题”的人。这就要走出“以一己的悲欢为整个世界”的“小时代”，站得更高，看得更远，思虑更为深邃，胸襟更为豁达，而且任何时候都充满信心、勇气和力量，尽享梁漱溟所说的“人的痛苦，人的欢乐”：这不仅是时代、民族的期望，更是我们每一个“人”健全发展的需要。这也是梁漱溟树立的目标：要使我们民族的生命、个体的生命，都永远“向上”。

梁漱溟所说的“精神陶炼”，“大愿”之外，还有“深心”。梁漱溟说：“深心即悲悯。”并进一步解释说：“普通说，‘悲天悯人’，当社会上多数人在痛苦灾难之时，容易发生怜悯之心。不过悲悯亦还有更深的意思：不一定看见灾难才有，而是无时不可以没有的。这一种悲悯，自己亦在其中，斯乃对人生的悲悯。如果我们只是一天天地活着，笔直机械地活着，不会发生人生之感。——人生之感是反回头来看人生时，所发生的一个更深的慨叹，一个更深的悲悯。此必须从对人生的反省而来，平常不容易有。”[1]——这同样极具启示性：在当代中国，能够做到因“多数人在痛苦灾难中”而产生悲悯之情，已经很不容易，我们的许多志愿者大概也是在这个思想层面上来参加乡村建设运动的，这当然具有很大的合理性；但梁漱溟却提醒我们，还要将这样的社会道德层面上的悲悯，提升到人生的、人性的层面：对人自身的悲悯，对自己的悲悯。

于是就有了这样的申说：“人类生命当真是可悲悯的。因为人类生命是沿着动物的生命下来的，他完全不由自主。好恶爱憎种种情欲，多半不由自主。人能够管住他自己的很少，好名、出风头等。有时候自己也知道，好歹都明白，可是他管不住自己。”梁漱溟因此说，“在人生的时间线上须臾不可放松的，就是如何对付自己。如果对于自己没有办法，对于一切事情也就没有办法”，“如果内心不澄清，认不清楚自

1 梁漱溟：《精神陶炼要旨》，《梁漱溟全集》第5卷，第493—494页。

己，这时他心里一定有许多问题”，“终日惝恍，精神上得不到安慰；自己先不安，还有何法去做乡村工作呢？”[1]——这样，梁漱溟就把乡村建设的社会问题转化成了一个参与者的“人自身”的问题：解决社会的关键在解决自身的问题：这是自有一种深刻性的。而解决自身问题的关键，在梁漱溟看来，又是人如何认识与对待人自身。他提醒说，人之为人的最大难处，是如何走出自己本能的动物性即种种个人欲望、追求“财利浮名”的“世俗心理”，获得人所独具的精神性、道德性，从而“管住自己”。梁漱溟正是从这“管住自己”之难，对人自身产生了一种悲悯。

这样的悲悯感，有两个层面。一是“忏悔—自新”。他强调，人要使自己内心的动物本能欲望与精神性追求之间的冲突平息下来，“只有忏悔、自新才能解决这个问题。如果谁能够对自己的责备越严，其忏悔也越深，这种人大概都是好人”，也即前面说的“真正的人”。二是也要原谅自己：人皆凡人，孰能无过？“过去的

1　梁漱溟：《朝话·忏悔—自新》，《梁漱溟全集》第 2 卷，第 41–43 页。

不用说了，我们再努力开拓新生命罢！”“只有这一句话，把悔恨转为悲悯，自己可怜自己。到了悲悯的心境，自己就高超了一层：自己不打架，不矛盾冲突，于是真能忏悔自新，开拓新生命了。”[1]

悲悯更是对着他人的。梁漱溟说他自己“对人的过错，口里虽然责备，而心里责备很少。他所犯的毛病，我也容易有。平心说，我只是个幸而免”。这样对他人“有同情，有了解”，就在“帮助人忏悔自新”的同时，有一种生命共同体的善意：“你自己原谅自己罢！大家都各自原谅自己罢！”[2]这就进入类似宗教的境界了。

这同时就有了对异己者的容纳。梁漱溟说：“对方即与我方向不同的人，与我主张不同的人，我们都要原谅他，并要承认对方的心理也是好的，不应作刻薄的猜测。同时，在自己的知识见解上要存疑，怕也不必都对”。“自觉知识见解低过一般人，旁人都比自己强，这种态度，最能够补救各种不同方向、派别的彼

1 梁漱溟：《朝话·忏悔—自新》，《梁漱溟全集》第2卷，第43页。

2 梁漱溟：《朝话·忏悔—自新》，《梁漱溟全集》第2卷，第43页。

此冲突之弊而相互取益。”“有一个根本点，就是：必须把根本不相信人的态度去掉。不信任人的路，越走越窄，是死路；只有从信任人的路上走去，才可以开出真正的关系和事业的前提来。”[1]可以说，对人之弱点的悲悯与对人的信任，构成了梁漱溟的人性观与人道主义精神的两个重要侧面。我们也终于明白，前面所讨论的梁漱溟“以中国老道理为本的中西文化融合观”与相应的乡村建设的社会理论与实践，都是建立在他对人性的这些基本体认基础上的，而他的人生哲学里特有的自信与乐观，也是建立在对人的基本信任之上的。他的社会建设与人生探索两大目标和理想，也由此得到了完美的结合。这可能就是梁漱溟思想与精神、人格的精髓所在。

梁漱溟关于乡村建设运动的志愿者的精神陶炼的论述，还有许多，诸如“如何看待真理与错误、成功与失败”，“以出家的精神做乡村工作”，“组织团体的原则，如何亲师取友，彼此立信，做到志愿真诚”，等等，

1 梁漱溟：《朝话・对异己者的态度》，《梁漱溟全集》第2卷，第64—65页。

都是乡村运动队伍建设中所经常遇到的问题，是极其宝贵的精神资源，就留给我们每一个读者去自行体味与消化吧。

2014年2月5—12日

《梁漱溟论乡村建设》语录

（一）社会重心由城市移植于乡村

1. 解决中国整个问题之道

我所主张的乡村建设，乃是解决中国的整个问题，非是仅止于乡村问题而已。

——《自述》，《梁漱溟全集》第 2 卷，第 31 页，山东人民出版社，2005 年第 2 版

民族自觉的头一步，便是觉悟到乡村；从这一步，就可以觉悟到一切。觉悟到我们原来社会结构的特殊，觉悟到我们不能不自有我们的前途；——虽然西洋的长处必要尽量地采用。十年来的乡村运动正是民族自觉的开端。

——《乡村建设理论》，《梁漱溟全集》第 2 卷，第 486 页

乡村建设，就是要先从乡村组织做起，从乡村开端倪，渐渐地扩大开展成功为一个大的新的社会制度，这便叫作“乡村建设”。

——《乡村建设大意》，《梁漱溟全集》第 1 卷，第 720 页

乡村建设除了消极地救济乡村之外，更要紧的还是在积极地创造新文化。所谓乡村建设，就是要从中国旧文化里转变出一个新文化来。

——《乡村建设大意》，《梁漱溟全集》第 1 卷，第 611 页

所谓“乡治”或“村治”之特殊意义，即要在近代都市文明之外，辟造一种乡村文明；其道则使社会重心从都市移植于乡村。

——《敢告今之言地方自治者》，《梁漱溟全集》第 5 卷，第 252 页

真的力量恐怕只有在内地乡村社会中慢慢地酝酿，才能发生大的力量，而后再影响于都市。

——《朝话·真力量要从乡村酝酿出来》，
《梁漱溟全集》第 2 卷，第 97 页

中国社会本来所具备的那全套组织构造，在近数

十年内一定全崩溃，一切只有完全从头上起，另行改造。……从哪里改造起？何从理头绪？何处萌苗芽？还是在乡村。

——《自述》，《梁漱溟全集》第 2 卷，第 27 页

中国这个国家，仿佛是集家而成乡，集乡而成国。我们求组织，若组织家则嫌范围太小，但一上来就组织国，又未免范围太大；所以乡是一个最适当的范围。

乡村是本，都市是末，乡村原来是人类之家，都市则是人类为某种目的而安设的。在某种事实上说，都市固也不可少；……从政治、经济、教育各方面看，都需要一个中心，……都市即由此而来的。……下级都在乡村，大家联合起来而有这个中心，先有本，后有末，末从本来就对了。……现在的社会，都市不但是中心，而且是重心；以都市为重心就完全错误了！重心本应普遍安放，不可在一处；中心可以集中于一点，可以在一处。……若都市来控制乡村的时候，那就是少数人用力量以统治多数人，这是不对的，这不是常

态。……现在我们是从乡村起手求组织，是自下而上，由散而集，正合乎常态，合乎人类的正常文明。……我们讲从乡村入手，不是不要都市，我们是要将社会的重心（无论是政治的、经济的等等）放在乡村。更明白地说：讲乡村建设就包含了都市，……因为着意于本，则自然有末；乡村越发达，都市也越发达。

——《乡村建设理论》，《梁漱溟全集》第2卷，第313、317—318页

辟造正常形态的人类文明，要使经济上的“富”、政治上的“权”综操于社会，分操于个人。其纲领则在社会重心从城市移植于乡村。……乡村经济建设要走“合作”的路，那是以“人”为本的经济组织；由是而政治也自形成为民主的。那么，所谓富与权操于人人，更于是确立；现在所急的，是如何遵着这原则以培起乡村经济力量、乡村政治力量：这培起乡村力量的功夫，谓之乡村建设。

——《山东乡村建设研究院设立旨趣及办法概要》，
《梁漱溟全集》第5卷，第231—232页

2. 解决中国问题的动力：知识分子与乡村居民

中国大局的解决，要靠两个力量：一个主力，一个副力。主力即文化运动团体，……全国的乡村运动团体，成一个大的联合组织，这个是解决中国问题的主力。所谓副力，就是现政权的行政系统。现政权这个力量，他是来帮助解决中国问题的力量。

——《乡村建设理论》,《梁漱溟全集》第2卷，第392页

中国问题之解决，其发动以至于完成，全在其社会中知识分子与乡村居民打拼在一起，所构成之一力量。

“现在之中国问题”是由外面问题引发内部问题，并以外来的新形式演之者。……所谓外面引发，具有三义：一、受外面的压迫打击，激起自己内部整顿改革的要求；二、领会了外来的新理想，发动其对固有文化革命的要求；三、外面势力及外面文化实际地改变了中国社会，将其卷到外面世界旋涡来，强迫地构生一个全新的中国问题。……可知中国问题的发动，

不能不靠其社会中之知识分子，而且必须是最先与外面接触的知识分子。

中国问题……是改造文化，民族自救。……此民族自救运动，求诸全民族则宽泛无当；求诸某阶级某部分人，则狭窄不恰；而谓不在接触外面之先知先觉感触亲切之志士仁人而又在谁？……于此际也，先知先觉知识分子明明是主而不是宾矣。

所谓革命知识分子所必凭借的社会中潜伏之一大力量，我是指乡村间居民而说。……解决中国问题的动力，殆在引后种动力并入前者，而为一种动力。然而这引的功夫，是要由前者来做的。换句话说，革命的知识分子要下乡间去，与乡村居民打拼一起拖引他上来。

我敢断言，如果这上层动力与下层动力总不接气，则中国问题永不得解决；而上下果一接气，中国问题马上有解决之望。

——《乡村建设理论》，《梁漱溟全集》第2卷，第450—459页

乡村运动……是知识分子的下乡运动……

社会的生路要在乡村求，知识分子的生路也要在乡村求。这条路，初去是难，但愈走愈宽。都市里过剩的知识分子，尽你不愿回乡，但形势所逼恐怕非回来不可。……当初若不出来，不行；现在若不回去，亦不行。当初不出来，如何能洋化？不洋化，如何能与西洋文明接气，而引科学技术团体组织于中国？不洋化，如何能脱离乡村而逼成乡村崩溃？乡村不崩溃，如何能引起人注意乡村，而发动乡村运动？没有乡村运动，知识分子如何能回去，而建设新社会？一步一步相引而至，相逼而来，而结果是绕一个大圈，完成东西文明的沟通工作。

——《乡村建设理论》,《梁漱溟全集》第 2 卷，第 479、481 页

除了乡下人起来自救之外，谁也救不了乡村；单靠乡村以外的人来救济乡村是不行的。事情靠人家是靠不住的。……就是要人家帮忙，也得自己先起劲呀！外国有句话:“天助自助者”，……中国古人也有一句话:“自求多福”。……更何况单靠外力往往不但不能把乡村救好，反而祸害了乡村——外边人虽然满心想让乡

村好，想帮乡村的忙；而以不了解乡村的情形，不知道乡村的需要，所用的方法不合，结果往往祸害了乡村。……所以要想乡村向上长，……这就要靠启发农民自觉了。

——《乡村建设大意》,《梁漱溟全集》第 1 卷，第 616—618 页

3. 从农业引发工业是我们翻身之路

在中国好像顶急的是经济建设，然而非政治问题有相当解决是谈不到的。

——《乡村建设理论》,《梁漱溟全集》第 2 卷，第 489 页

中国的经济建设必从复兴农村入手。

——《乡村建设理论》,《梁漱溟全集》第 2 卷，第 313 页

从农业来引发工业是我们翻身之路。

我们的要求是翻起身来达于进步的健全的经济生活。那就必须有进步的生产技术（巧），社会化的经济组织（大），而其关键则要看能不能工业化。……尽力

于农业，其结果正是引发工业；并且我敢断定，中国工业的兴起只有这一条道。

在农业前进过程中，许多工业自然相缘相引而俱来。例如从土壤肥料等农业化学上问题，而引出化学工业；从农具农业机械农业工程，又引出机械工业等；从农产加工农产制造，也将引出许多工业……更要紧的是生产力抬头，一般购买力从而增进，自有许多工业因需要之刺激而兴起。换句话说，就是从农业生产、农民消费两面来刺激工业起来。我们不要直接来办工业，要先制造出工业的需要来。……从农业引发工业，更从工业推进农业；农业工业叠为推引，产业乃日进无疆。同时也就是从生产力抬头而增进购买力，从购买力增进更使生产力抬头；生产力购买力辗转递增，社会富力乃日进无疆，这是真的自力更生；环境逼得我们只有这样自力更生。

中国工业从时代环境将必建立在为消费而生产的原则上，……其所以很自然就能成功的，有几点可说：

第一，农村劳力过剩，自然要用到工业上来。……

第二，工业所以难兴起，一是难于资本，二是难于市场；但于此则资本市场两不难。因先有了需要再办工厂，所以市场不为难。……（资本）会因劳力现成、原料现成、运输省事（原料近、销路近）而减省好多好多；所以资本也不为难。如此则随着农业不是很容易地工业就起来了吗……

第三，近年正有工业要移向内地来的趋势。……其理由大要有三点：一是接近原料产地；二是接近消费市场；三是工人易于训练管理，工作效率较高。……

第四，工业向乡村分散，农业工业相结合，都市乡村化，乡村都市化，这许多本是世界的新风气新理想，其中实含有人类自然的要求。……有人主张布置工业网之说："一个大工业中心孕有许多小工业中心，小工业中心孕有许多更小工业中心，如此一层一层地相连，直至渗入最小社会细胞的农村为止。……如此一层一层把全国造成一个严密的工业网。"……我想这也许是将来会要计划到的罢。

一是农业生产偏于自给；二是农业生产者容易联合。这就是两点最好的倾向；从这里将自然地走向人类经济之正当途径——为消费而生产，经济生活社会化。联合是经济生活社会化之端，自给是为消费而生产之端。……因此造端于农业，其前途就一定坦荡光明。

——《乡村建设理论》,《梁漱溟全集》第2卷，第508—512页

中国今日要讲经济建设，总非走统制经济计划经济的路不可（但不一定照苏俄那样），其先决条件全在有此一机构。（按：指梁漱溟主张的“全国乡村运动的大联合组织”）

——《乡村建设理论》,《梁漱溟全集》第2卷，第518页

在经济问题的解决中，实以调整人的关系为首要；其次才是人对自然的问题。似此联合之机当真不容放过，一定要从这里做工夫，以为解决中国经济问题之根本。

——《乡村建设理论》,《梁漱溟全集》第2卷，第513页

我们所走的路，就显然与西洋近代国家所走的路

不同了！西洋近代是从商业到工业，我们是从农业到工业；西方是自由竞争，我们是合作图存。……工业是随着商业起来呢，还是随着农业？一切的命运都决定于此。

——《乡村建设理论》，《梁漱溟全集》第2卷，第513页

怎样叫正常形态的人类文明呢？可以分为六点来说。

一、新社会是先农而后工，农业工业结合为均宜的发展。

二、新社会是乡村为本，都市为末；乡村与都市不相矛盾，而相沟通，相调和。

三、新社会以人为主体，是人支配物而非物支配人。

四、新社会是伦理本位合作组织而不落入个人本位或社会本位的两极端。

五、新社会内政治、经济、教育（或教化）是合一而不相离的。

六、新社会秩序的维持，是由理性替代武力。

——《乡村建设理论》，《梁漱溟全集》第2卷，第558–565页

4. 组织农民，走“合作”之路

近百年来，西洋文化的战胜，胜于其组织能力；中国民族的失败，败于其散漫无力。中国国家虽地大人多，以其散漫，遂等于无力；散漫无力，实为中国近百年来所以失败的唯一原因！

——《中国之地方自治问题》,《梁漱溟全集》第5卷，第320页

我认为中国经济建设的下手处就是组织农民。……以他（按：指农民）为中国经济问题的主人翁而言组织，那自莫善于合作主义的经济组织了。所以我看中国果然要进行经济建设，头一着就当有计划地大规模普遍推行合作于全国乡村，要于短期内将农民纳于合作组织中。

——《乡村建设理论》,《梁漱溟全集》第2卷，第547页

我们的乡村组织能做些什么事。

……导农民于合作于组织，……才能对经济上的事有所进行。……大家聚合成一气，农业改良推广的功夫才好做。举凡品种的改良、病虫害的防除、水利工程新农具的利用等等。一切莫不如是。

……将科学技术引进内地农村。

……增高农民信用有助于金融流通。

……无形中为极好的合作教育。……在这样组织中处处是教育，处处是很好的合作教育；实是产生好的合作社的一个根本。

……从经济上充分地加强社会的一体性。……中国的财富是靠合作才能增殖起来。那么，这样增殖起来的财富，个人性小，社会性大，将慢慢减去人与人间的竞争，而趋于互助互保。

……帮助消除阶级问题。……合作社虽不能“均富”，却能使贫富不齐的人，在经济上同样地向前增进，……它对于消除贫富问题上，就有很大的力量。

……完成合作主义不偏于个人或团体之一极端。……西方过去集团生活干涉太强，近代个人主义实为其反动；个人主义发达太过，而又有今日团体最高主义之反动；翻来覆去，各为一极端，都不是中道，都不是常规。在常规上，个人与团体应当并重。……合作社是联合个人组成团体，于团体之中不废个人；两面都有，正与我们的理想相合。……现在未尝不可以演为一种主义。一面为手段方法，一面为理想目标，……则曰“合作主义”。……我相信合作主义在人类生命有其深厚根据，而唯我们的乡村组织能完成此理想。

——《乡村建设理论》,《梁漱溟全集》第 2 卷，第 424—433 页

必须是团体与分子彼此之间匀称（均匀），才是人类普遍要求。从个人出发而不顾社会，妨碍社会，固然不对；为社会而牺牲个人，抹杀个人，也是不对的！……以社会为本位，则是以社会为客观标准，此即倚重于一偏，如以个人为本位，则是以个人为客观标准，此也倚重于一偏。……应当是从团体说时，要尊重个人;从个人说时，要尊重团体。……我以你为重，你以我为重，互以对方为重才能得到均衡。……这就是我们相对论的伦理主义。

——《乡村建设理论》,《梁漱溟全集》第 2 卷，第 306—308 页

按中国道理，从分子说是个人对团体应尽的义务；从团体说是团体应给个人的权利。

——《乡村建设理论》,《梁漱溟全集》第 2 卷，第 294 页

5.“养人”之路：为农民寻得精神上的出路

现在资本主义下的工商业，只是发财的路而不是养人之路。……农业则不是发财的捷径而正是养人之路，尤其是从“合作”发达起来的农业，最是养济众生的一条大道。

中国从合作这条路走去，是以“人”为本的，不同乎资本主义之以“钱”为本。

——《山东乡村建设研究院设立旨趣及办法概要》，
《梁漱溟全集》第5卷，第224、229页

（有人）主张乡村运动应以“经济”为主为先。这真是太肤浅的见解，似是而非。……我们必须从另外一个较高较深的地方入手，而最不要以利诱乡下人。我们应当根本上复苏了农民的精神，发动其进取之心才有办法。

现在中国的乡村社会，不只是经济破产，精神风貌亦同样破产。这是指社会上许多旧信仰观念、风尚

习惯的动摇摧毁，而新的没有产生树立，以致一般乡民都陷于窘闷无主、意志消沉之中。……此种心理如不能加以转移开导，替他开出一条路来，则一切事业都没法进行。

最基本的就是农民自身：因事情要靠人做，所以人的问题当先……所以我们必须先为农民寻得精神上的出路。我们的乡村组织，本乎古人“乡约”之意而来，充分发挥中国古人的理性精神，从伦理情谊来调整社会关系，增进社会关系，以成团体；而团体则以大家齐心向上学好求进步为目标。“个人的向上”“社会的向上”，只有从这个较高的地方，才能打动中国人的心，才能振起中国人的气，只看眼前的利，是让人往更没出息里去。利，不是不能讲，但要在这一面讲才行。浅薄的功利思想、反乎伦理的个人主义，只是让中国人精神更受伤，更气短，更压迫得喘不出气来。非走我们这条路，不能昭苏；不能一面稳定其自信心，一面开出其进取心。

——《乡村建设理论》，《梁漱溟全集》第 2 卷，第 424—426 页

一点是乡村（包括农业）；一点是理性。这两点是中国文化的根本，更无其他。我们现在就是要发挥理性组织乡村；以组织的力量运用科学技术，来解决生活上之一切问题。

——《乡村建设理论》，《梁漱溟全集》第 2 卷，第 557 页

所谓“理性”，即“平静通晓而有情”之谓也。……中国人之所谓理性，和西洋人之所谓理性不同。西洋人之所谓理性，当然也是平静通晓，而只差“而有情”三个字；中国人的理性，就是多“而有情”三个字。……

从乡村入手为什么特别适合于理性呢？

第一层：……农夫所接触的是广大的自然界，所以使他心里宽舒安闲；工商业者居于人口密集的窄狭的都市中，睁眼所碰到的就是高墙，所以他的性情非常褊急不自然。农民的宽舒自然的性格，很适于理性的开发。

第二层：农民所对付的是生物——动植物；而工商业所对付的是死物质。生物是囫囵的、整个的、生动而有活趣的；死物质恰好相反，是呆板的、可以分

割破碎的、任人摆弄的。……西洋因工商业，将人训练成一种喜欢分析解剖的脾气，将一切都看成机械的、可以割裂的；这正是理智。中国农夫因其对付的是囫囵的、不可分的生物，所以引发了他的活趣；这正是理性，而不是理智。宋儒程明道先生曾说此意，“观鸡雏可以知仁”，此即因其有活趣，可以引发一种自然活泼之温情。

第三层：工商业者老是急急忙忙，农夫则从容不迫。……农夫欲快而也不得，——种植五谷与自然的节候非常有关系，急忙不得；所以养成他从容不迫的神气。从他的从容，就可以对他所接触的一切印象咀嚼领略而产生一种艺术味道的文化、艺术味道的人生。反过来看，工商业者总是一天到晚地奔忙，常在一种有所追逐贪求之中。……西洋文化的流弊是只计较数量，不计较品质，把自己忘掉而专从事于物的追逐；中国人则是咀嚼享受的态度……

第四层：农业最适宜于家庭的经营，工商业则不然。……可以说：农业是巩固家庭的，工商业则是破坏家庭的。家庭乃是最能安慰培养人的性情者，富于情感的人，一定要恋家庭，而家庭也适足以培养人的感情；这与我们的情谊化组织很有关系。……

第五层：乡下人很有一种乡土观念，仿佛把他的村庄也看作他的家乡。……住在都市里的人，对街坊邻居，看得很平常，并无多大关系……乡下人对于他的邻里街坊，则很有关系，很亲切，……彼此亲切才容易成功情谊化的组织。都市人……易引起狭小自私的观念；乡村则比较能引起地方公共观念。

第六层：中国固有的社会是一种伦理的社会、情谊的社会；这种风气、这种意味，在乡村里还有一点，不像都市中，已被摧毁无余！……

第七层：我们是在求正常形态的人类文明，那么，从乡村入手，由理性求组织，与创造正常形态的人类文明之意正相合。……

第八层：我们培养新的政治习惯，要从小范围——乡村着手。

——《乡村建设理论》，《梁漱溟全集》第 2 卷，第 314—318 页

（二）乡村建设路怎么走：村学、乡学实验

1.“乡约”的补充改造

我们的组织有两点：一是从理性求组织，一是从乡村入手。……这两个地方，原来就是中国社会的根，……我们现在就是要从这根上来生长新芽。这个新的芽——新的组织……即中国古人所谓“乡约”的补充改造。——不过此处所谓乡约，非明、清两代政府用政治力量来提倡的那个乡约，而是指当初在宋朝时候，最初由乡村人自己发动的那个乡约。那个乡约是吕和叔先生的一种创造。……在他的发起文上有这样一段话：“人之所赖于邻里乡党者，犹身有手足，家

有弟兄，善恶利害皆与之同，不可一日而无之。”……他一上来即认识了社会的连带关系，点明了组织的必要。……乡约中分四大纲领：一、德业相劝；二、过失相规；三、礼俗相交；四、患难相恤。……这是一个伦理情谊化的组织，而又是以人生向上为目标的一个组织。

在明清两代研究乡约的人很多，而要以清朝的陆桴亭先生研究得最好。……他认为乡约就是大家相约来办这三者:社学、保甲、社仓。乡约只是精神，不行，必须见诸实际；这个很有积极的意味。他所谓社学即一教育机关，社仓是经济机关，保甲则是自治自卫——政治机关。教育、经济、政治都包含进去，这真是一个很积极的乡约。我们现在对乡约的改造，不过是对陆先生的《治乡三约》更补充一点而已。……

第一点：将消极的彼此顾恤，变成积极的有所进行；……

第二点：(古人的乡约) 其缺短就在：一是偏乎个人，一是有所限。我们的补充改造，即把偏乎个人的一点看成社会的，把有限的一点看成永远开展的。……

我们组织乡村时一上来就要提振志气，要来发愿。发什么愿呢？就是：改造社会，创造新文化，创造理想的社会，建立新组织。……

第三点：……我们的乡约非只一乡之约，……我们是要由乡与乡的联络，而渐及于县与县、省与省的联络，要普遍地去联络，相往来，通消息。因为我们是要改造社会，创造新文化，不是单为个人的善。……

第四点：这一层意思为乡约中原来就有的，……不过也很容易被人忽略忘记，……即乡约组织不可以借助政治的力量来推行，至少他是私人的提倡或社会团体的提倡，以社会运动的方式来推行，政府只能站在一个不妨碍或间接帮助的地位。

乡村运动是一个社会运动，乡村运动团体是一个社会运动团体，我们始终应站在社会运动的立场。这个社会运动，亦可名为文化运动，所以也可以说我们就是一个文化运动的团体。这个文化运动的团体，必须是有志愿的人的结合，要靠他来推动一切；如果没有有志愿的人继续不断来发动，就不行！……明白“自动”的重要，……即（要重视）对人生精神的启发……乡约就是提振大家的志气——亦通常所谓道德。

——《乡村建设理论》，《梁漱溟全集》第 2 卷，第 320—322、330—334、338、339 页

2. 村学乡学的试验

村学乡学不单是一个学校。……最好说他是个学校，而同时也就是一个乡村组织。……他是包括全乡而等于一乡；可以说乡学即乡，乡即乡学。……一乡有多少村，多少人口，那么，所有的村，所有的人口，也就都包括在乡学里头。……一个乡学，是要把全乡的人都算作学生。也可以说乡学就是以一乡为一学，村学就是以一村为一学。……乡学村学办学的人、来学的人，都是本乡本村的，……也可见出乡学村学就是一个乡村组织。……总之，乡学村学，是花自家的钱，用自家的人，办自家的事，设备为大家所公有，大家都可以享用；处处都表示他就是一个乡村组织。

——《乡村建设大意》，《梁漱溟全集》第 1 卷，第 666、667、668 页

村学乡学的目标即“大家齐心学好向上求进步”。

村学乡学的目标最合乎中国的老道理——乡约的意思，……于师法古人相勉为善的意思外，还要多注意求进步。

村学乡学的目标能合乎三点原则——普遍性、恒久性、自觉性。

——《乡村建设大意》,《梁漱溟全集》第1卷，第668–671页

村学乡学的工作分甲乙两项：（甲）酌设成人部、妇女部、儿童部等，施以其生活必需之教育，期于本村社会中之各分子皆有参加现社会，并从而改进社会之生活能力。……如成年农民要种田，就教他改良农业的法子；妇女们要做衣、做饭、育儿、理家，就教她们些家事，让她们有机会参加现社会，并从而改进现社会。“（乙）相机倡导本村所需要之各项社会改良运动（如反缠足、早婚等），兴办本村所需要之各项社会建设事业（如合作社等），期于一村之生活逐渐改善，文化逐渐提高，并以协进大社会之进步。”

可以看出村学乡学这个团体，他是把行政的事情用教育功夫来办。换句话说，他是把团体的公务当作学务，把村学乡学的工作（甲项乙项都在内）一切学务化。……如果把公务就当作公务来办，则可以用一种强制性的命令来做，要你怎样办，就得怎样办，没有多少话说，没有商量的余地；那么，这样就成了一种死板的办法，失掉了教育的意味，村学乡学就变为县政府的一个下级佐治机关了。……我们的意思是想借村学乡学来组织乡村，用教育功夫引生乡村自力，靠乡村农民自己的力量来改进社会，让社会进步。

——《乡村建设大意》，《梁漱溟全集》第 1 卷，第 672、675–676 页

村学乡学的组织由四部分人构成：

(1) 学众——村中或乡中男妇老少一切人等；

(2) 学长——村中或乡中品德最尊的人；

(3) 学董——村中或乡中有办事能力的人；

(4) 教员（乡学又有辅导员）——乡村运动者。

四部分人即四个独立不同的作用：

学众的作用。他就是改进乡村社会解决乡村问题

的主力，乡村社会的主体。（这就需要引发自力）让每一个学众对村学（或乡学）团体的事，都要尽他团体一分子的作用。第一，要知道以团体为重；第二，开会必到，事事要从心里过一遍；第三，有何意见即对众说出;第四，尊重多数，舍己从人;第五，更须顾全少数，彼此迁就——有时少数人的意见亦不可抹杀。

教员的作用。乡村问题的解决，第一固然要靠乡下人为主力；第二亦要有：有学问有眼光有新知识方法的人与他合起来。现在我们所苦的就在这里：新知识方法在上边，在外边；而实际的问题却在下边，在里边；上下里外不接头，问题就老不得解决了。办法之得有，大抵必赖三个条件：一大众齐心协力；二教员之知识头脑；三本地人之实际经验。所谓商讨办法，意在商得大家同意，更在以教员之知识头脑与本地人之实际经验交换而切磋。教员还是与上级机关或说是后方大本营有联络的；教员的责任要在使上级机关和下级机关，于问题研究方法供给上成一连锁循环关系。

学董的作用。大凡公共的事，决定虽要由多数；可是进行的时候，不能公众都去办。村学乡学的公共事务便是交托各该学董会；其对外的事（如县政府委办事项）则更是交托常务董事一个人。学董不但为学众之一，且为乡村领袖，于村学乡学应多负责任。董事的作用能让村学乡学仍不失其教育性质，还可以代表乡村，把乡村的情形时时报告政府；代表政府，把政府的政令向乡民解释。他可以沟通上下，减少政府与乡村间的隔阂。

学长的作用。乡学村学由各该学董与会依该区民众群情所归，推举齿德并茂者一人，经县政府礼聘为各该学学长。学长主持教育，为各该区民众之师长，不负事务责任。学长有提振众人的作用和调和众人的作用，就是要学长超居众人之上，好来监督众人调和众人。

我们这个村学乡学的全盘组织，就是由四部分人构成，四部分人就是四个独立不同的作用；四个作用，缺少一面也不可：学众即立法作用；学董即行政作用；学长即监督作用；教员即推动设计作用。

——《乡村建设大意》，《梁漱溟全集》第1卷，第676—697页

村学乡学这个组织是一最完善、最妥当、最合中

国实情的组织；从此做去，他能够尽其改进社会之功，让中国社会继续不断地往前长进，让中国完成一个没有缺欠的文化。……中国有两大欠缺：一即团体生活，二即科学上的知识技能。故此刻中国人讲求组织时有应特别注意的两点：一让团体里面每个分子对团体生活都为有力地参加，渐以养成团体组织；二让内地乡村社会与外面世界相交通，借以引进科学技术。现在村学乡学这个组织对于这两点就顶合适。

村学乡学的好处，就在使内地乡村与外面世界相通，使下边社会实际问题与上边学术研究机关相连；内外相通，上下相连，学术研究才能有用，新知识方法才能引进来。……而吸收外面的新知识方法、新科学技术，则非靠乡村组织本身先能做得好，乡村生活本身有生机有活气不可；而要想乡村有生机有活气，则非让乡村的每个分子对乡村的事都有力地参加不可。可是，这个事情，中国人素无习惯，又无成例可学，所以就必须渐以养成，渐渐地开创出一个中国式的团体生活来。

——《乡村建设大意》,《梁漱溟全集》第 1 卷，第 710—711、714、720 页

3. 政治、经济、文化、社会合一

中国的问题原来是混整之一个问题，其曰政治经济文化三问题者，分别自三方面看之耳，并不是当真有分得开的三个问题。因此，在这一大问题中，苟其一面得通，其他两面皆通；若不通时，则一切皆不通。政治经济两面，彼此互不能离开而单独解决，大概人都晓得；其实，中国政治上出路，经济上出路，不得离开他那固有文化的出路，亦是自明之理。因为问题之演成，原以固有文化为背景；问题的解决，天然亦就不能外于他而得解决。这种解决（或出路，或办法），必含有文化上的新成分，固无可疑；但同时还为过去的民族文化史所决定，亦无疑问。

——《朝话·中国文化本位宣言》，《梁漱溟全集》第 2 卷，第 124 页

我们今想从合作主义入手来谋经济上团结自卫；从合作组织来引发地方自治。这便是从经济组织引入政治组织。

——《朝话·制度与经济》，《梁漱溟全集》第 2 卷，第 103 页

我们的乡村建设……必有待于经济的进步，在经济上生产技术、经营方法、经济关系渐渐开展进步，才能有一个新的社会组织的开展。而经济的进步，又有待于他的政治条件；换句话说，我们要解决中国的经济问题，必须靠政治的力量，否则解决不了。可是为经济主体的还是在人。尤其我们希望经济操在众人之手，从我们多数人为主体来开发我们的经济，促进我们的经济，并让经济始终不离我们的手；所以人很要紧……人要是不活起来，则经济（尤其是我们要求的这种经济）不会进步。如何让人活起来？则须发动中国人的精神；如何发动中国人的精神？则须借人生向上的力量，提振起志气来；否则中国人将更狭小，更不能进取。我们要提振起志气，把经济放在这种人生中，让人生驾驭经济，支配经济，享用经济，不叫经济支配人生。要做到这一步，就更是一个精神问题、人生问题，或说是一个文化问题。我们始终是要以这样的人生运用经济，所以在我们的组织中经济固然是不可少的条件；然而如果没有人生，没有精神，则组织不能合理，也许根本就没有经济的进步。所以我们的组织包括两面：一是精神（姑名之为精神），一是物质。或说一是文化，一是经济。

——《乡村建设理论》，《梁漱溟全集》第 2 卷，第 337—338 页

理想社会的基础条件是什么？就是经济上的生产与分配都社会化，这样就是实现了社会主义。……社会主义之所以好，就是在那个时候的人类社会，大家能站在一个立场上，来共同对付自然界（人类对付自然界，即所谓解决生存问题，亦即所谓经济），而减除了人对人的竞争；也就是说，人类的生存问题，由社会解决，而不由个人自谋。换言之，即对个人的生存问题，有社会来做保障。……将来社会主义的社会实现之后，人类才能共同联合控驭自然，利用自然，以满足人类共同的需要。所谓"经济"者就是这么一回事。……可见出今日的经济问题不是自然科学上的问题，而是社会关系的问题。最好是社会上大家合为一体，共同对付自然。能如此，个人生活即可得到社会的保障。这是减除人类一切罪恶的开始，同时亦是发挥人类美德的开始。

——《乡村建设理论》，《梁漱溟全集》第 2 卷，第 412、413 页

政治经济合一，亦是对西洋近代自由主义政治经济分离说的。自由主义把经济认成是个人的事，国家不要操心；但现在的趋向则都望国家主持一切。大约经济生活社会化的结果，定然变为国家所主管。……中国的经济要想进步，天然不能走自由主义的路，一上来就必趋向于团体组织，所以那也就是一上来便趋向于政治经济的合一了。

——《乡村建设理论》，《梁漱溟全集》第2卷，第563—564页

4. 政教合一

(1) 教育应居最高位

教育（包学术而言）在我们理想的社会制度内，应居最高位领导一切；在今日未达理想之域，也不要附属于政权下，完全听政权支配，而应当保持相当的独立性。这样，乡村运动团体与政府的分野，就是各项行政归政府，而教育归乡运团体；机关属政府（或地方自治团体），而人员属乡运团体。乡村运动……在进行经济建设之时，它更以教育领着经济建设往前走；

一首一尾都是它，……工具方法始终不离教育。政治经济都在其包涵之中，而超然不身当其事。

——《乡村建设理论》,《梁漱溟全集》第 2 卷，第 528 页

当真地说，今之所谓政治，在将来看好多都是冤枉的事，多余的事。将来的政治大概其主要内容就是经济和教育了，所谓国家，一面是经济的团体，一面也就是教育的团体。本来人生亦只有经济和教育两桩事：经济是生活；教育是生活的向上发展。所谓政治，在这里不过是表现个人意志和团体意志那些事。可是意志的内容是什么呢？还不外经济和教育罢了。到经济生活安排得很好的时候，无处不含有教育意义在内，也即无处不是教育。通统是经济，也通统是教育。“政治、经济、教育三者合一”，到此乃真合一了；人类生活亦才正常合理化了。

——《乡村建设理论》,《梁漱溟全集》第 2 卷，第 564—565 页

在上面农政是农政，民政是民政，合作是合作，技术是技术，金融是金融，各归各事，不能不分。然而到下面总要汇合为一才好。“一”是什么？就是教育。

无论哪项事，到了下面与民众交涉时，无非是想推动他领导他往前进，那就是教育功夫了。所以一切最好都归于乡村教育机关去做。上面要分，下面要合；上面是政治经济各项专门的事，下面是统括一切的社会教育；上面算是后方，下面算是前线。

——《乡村建设理论》，《梁漱溟全集》第2卷，第527页

推进整个社会向前进步的工作，表面上是经济工作为主，骨子里无在不是社会教育功夫，建设、教育二者，不能分开。新社会之所以为新社会，要紧的还是在人上，在社会关系上；不过人的提高、关系的合理，离不开经济条件就是了。从人一面说，就是教育；从物一面说，就是建设。物待人兴；建设必寓于教育。乡村建设本没旁的意思，就是要求中国社会的平均发展真实进步，其不能不归于教育一途，势所当然。

——《乡村建设理论》，《梁漱溟全集》第2卷，第471—472页

（2）政教合一

政教合一之“教”，差不多就是道德问题。在其他过去历史上的民族，“道德”一事常归宗教包办，故我

们政教合一之“教”与宗教有关，可包宗教。但在中国从来“教”与宗教没有关系。……此政教合一之“教”乃道德问题，名之为教育或宗教两不合适。“教化”二字庶几近之：故所谓政教合一，即政治教化合一也。

——《中国之地方自治问题》,《梁漱溟全集》第 5 卷，第 337 页

在我们团体（村学乡学的团体）中，遇有问题发生，不愿意用法律解决的办法，必须彼此有情有义地相待。换句话说，我们是要以代表情理的学长来监督教训大众，把法律问题放在德教范围内。

学长是领导众人学好的，众人应当本着向上学好的意思，接受学长的训饬教戒；不要把这种训饬教戒看成干涉自己，而应认为是教导自己学好的意思就对了。总之，我们是想慢慢地养成一种管教的风气；不愿意在法律上死板地定下一准干涉或一准自由，换句话说，我们是要把自由或干涉放在教育的意思上，放在道德的意思上；不把它看成法律问题。

——《乡村建设大意》,《梁漱溟全集》第 1 卷，第 707、702–703 页

我们所谓政教合一是本着更高向上的意思，由贤智者出主意，众人来听从。我们所谓教育是隐然有所指，非只是指知识技能的教育而已，是指整个的生命、整个的人格说的，因此而知教育更重要。

——《政教合一》，《梁漱溟全集》第 5 卷，第 677 页

社会的进步，团体的向上，必从个人的创造而来；从此意思，团体必须给个人自由，……但必须是从为个人向上创造之意才给他自由，……所以许给自由是有条件的；如其不合人生向上，发挥长处的条件，那么，还是要干涉他。举例来说：譬如妇女缠足这件事情……从自由论来说，对她不能干涉；可是从现在对自由的看法来说，……团体就可以干涉。……许多新的法律都把自由看成一种相对的，不是绝对的。……在新的自由说上边，政教合一才有可能；……政教合一就是以团体的力量来干涉人的道德问题，打破自由的界限；而在旧的自由说上，自由界限很严，无论他是人生向上或是向下，团体皆不得过问。故政教不能合一。

——《乡村建设理论》，《梁漱溟全集》第 2 卷，第 298—299 页

若服从多数，政教亦不能合一，因为政治是众人之事，而众人之中糊涂人常居多数，贤智者寥寥无几，现在政治上的服从多数，无异是让“贤智者跟着糊涂人走”；而从“教”来说则应让“多数人跟着贤智者走”，二者恰相刺谬。……不过在事实上我们政教合一的要求——服从多数、尊重贤智二者合一的要求，与西洋最新的政治学说……叫作“专家政治”的，很有符合相似之处。……西洋科学发达，所以尊重智者（学者专门家）。中国人看重德行，所以尊重贤者。尊重贤智与服从多数，在西洋政治上将要融会变化，慢慢合一，而在中国政治上一向即富于尊重贤智之精神，今后社会团体生活发达，则政教二者天然趋于合一。

——《中国之地方自治问题》，《梁漱溟全集》第 5 卷，第 342—343 页

（3）教育重在社会教育

中国的教育制度，无论小学教育、民众教育、职业教育、中学教育，乃至学术研究的大学教育，都须造端于乡村而生长起来，成功中国的一整套。

——《乡村建设理论》，《梁漱溟全集》第 2 卷，第 423 页

中国教育的改造，应以社会教育为主，以尽推进文化、改造社会之功用。

乡村建设也就是民众教育。民众教育不归到乡村建设就要落空；乡村建设不取道于民众教育将无办法可行。

——《自述》,《梁漱溟全集》第 2 卷，第 34、32 页

民众教育能把农民精神活泼起来，而农民教育则主要是诗歌与音乐。现在中国的农民也极度需要适合于他们的音乐与诗歌，也就是极需要适合于他们的戏教他们唱。如果没有这种诗歌、音乐或是戏剧到农间去，农民的生活还是这样消沉、杂碎，怕非到死亡自误不可。农民自误，则等于整个中华民族自误。

——《朝话·谈戏》,《梁漱溟全集》第 2 卷，第 139—140 页

窃以为我们的教育当前有一问题亟待考量的：教育将趋重知识技能，亦要着眼人生行谊的问题。

知识技能是生活的工具，是死的；只有生命本身才是活的。必待活泼的生命去进求，而后知识技能才得有；必待活泼的生命去运用，而后其功用乃著。……

所谓“有体必有用”，不在用上求而自有。反之，在中国人手便讲知识技能，专在用上求，忽略了生命本体，结果无体亦无用。

从来中国教育特别致意之点在人生行谊；所谓“读书明理”，其理正指人生之理。

我们可以断言，中国教育……必自人生行谊教育之重提，而后其他一切知识技能教育乃得著其功。……中国教育今当置重于乡村教育、民众教育。然使所谓民众教育徒琐琐然于识字、于常识、于农业改良，而于吾人如何处兹历史剧变的世界无所启发指点，则可云毫不相干。今之乡村社会……一方农民心理既不胜其窘闷消沉，一方时代责任所期于彼者固极重且远，只非有极深之信仰、绝强之意志之大教育家，从人生问题上启发指点，俾其心理有大转移，则一切谈不到。

——《乡村建设理论》，《梁漱溟全集》第 2 卷，第 340—343 页

（三）固有文化乃建国之本

1. 以中国固有精神为主的东西融合

什么是中国文化的根？⑴就有形的来说，就是“乡村”；⑵就无形的来说，就是“中国人讲的老道理”。

我们中国，偌大一个民族，有这么些人在一块生活，他总有他过日子的方法，总有他的规矩、制度、道理一套东西；这一套东西到最近几十年就渐渐受到破坏了。

我们相信，中国的老道理是站得住的。从粗处看自然是有许多要改变的地方，但根本深处细处是变不得的。……我们可以说，中国的老道理，不但能够站得住；并且要从此见精彩，开出新局面，为世界人类所依归——不过，我们要注意，新局面的开出，是从老道理的真精神里开出来的。必待老道理的粗处浅处须要改变处，通统破坏完了，然后才有转机，才能从真精神里发出新芽，转出一个新局面来；不然，不追问到底，不追问到根本处，新局面是转变不出来的。……以乡村为根，以老道理为根，另开创出一个新文化来。……“开出新道路，救活老民族。”这便叫作“乡村建设”。

——《乡村建设大意》，《梁漱溟全集》第1卷，第613、614—615页

当我们讨究追求如何解决中国问题的时候，我们心里要完全放空洞，不存成见。凡是可以解决中国问题的办法无不接受，至于合不合中国民族精神我都不管，就是不合，我也毫无疑虑，因为我就是要解决中国目前严重的问题。如果有一个办法可以解决中国问题，即不合于中国民族精神我也接受。……我相信如果大家对中国问题虚心以求解决之道，保你不会走歧路，不会发现一个不合中国民族精神的办法。只要你

诚心诚意地去找办法，一点不自欺自满，把不好的办法都淘汰了，那么你最后的办法才一定会合乎中国民族精神。

——《精神陶炼要旨》，《梁漱溟全集》第5卷，第513页

中国如果有一个团体组织出现，那就是一个中西具体事实的融合，可以说，是以中国固有精神为主而吸收了西洋人的长处。

这个组织乃是以伦理情谊为本源，以人生向上为目的，可名之为情谊化的组织或教育化的组织，……其作用为教学相长。这样纯粹是一个理性组织，它充分发挥了人类的精神（理性），充分容纳了西洋人的长处，西洋人的长处有四点：一是团体组织，——此点矫正了我们的散漫；二是团体中的分子对团体生活会有力地参加，——此点矫正了我们被动的毛病；三是尊重个人，——此点比较增进了以前个人的地位，完成了个人的人格；四是财产社会化，——此点增进了社会关系。以上四点是西洋的长处，在我们这个组织里边，完全把他容纳了。……我相信这样的组织才是

人类正常的文化、世界未来的文明。这种文化要从中国引一个头，先开发出来。

——《乡村建设理论》，《梁漱溟全集》第 2 卷，第 308、309 页

历史迫着我们往西变，同时也迫着西洋往东变，我往西变，他往东变，两方就沟通了，调和了。沟通调和之后是个什么样子呢？那就是我们的乡村组织；我们的乡村组织是一个中西具体事实的沟通调和。

——《乡村建设大意》，《梁漱溟全集》第 1 卷，第 665 页

一家的文化（或一种习尚制度）有一家的风气，也就是有一家的偏处，其长在此，其短亦在此。更有不可不知者，大概初兴之时只见长处而不见短处，到末后却只见短处不见长处。这就是常说的“流弊”那句话——凡事到末流便见其弊。其所以然，有二：一是这个偏总是针对当时需要而来，虽偏，只觉其好不觉其偏（譬如个人主义在十八九世纪，只觉其好不觉其偏，而今则为举世诟病）。一是这个偏还未曾机械化而保有相当自觉，是活的而不是死的，虽偏，尚不为弊。翻过来说，时过境迁，无其需要，而所偏又日以僵硬，

当然弊端百出。中国文化实在传之太久，尽你怎样好的文化，到此时也将只见短处不见长处了。

中国文化实是一种成熟了的文化，而幼稚形态未除（我有中国文化是人类文化早熟之论）。……中国文化的老衰性、中国文化的幼稚病——实为我们自身的真缺欠。

——《乡村建设理论》,《梁漱溟全集》第 2 卷，第 202、203 页

中国民族复兴，一定得创造新文化，那一套旧家伙已绝不可用，非换不行。然其所换过的生命里头，尚复有不是新的地方在，……是从老根复活的东西。……这个不容否认又不易捉摸的东西，即所谓民族精神。只有民族精神是当初的原样；除此之外，那一套家伙都换过了，所以谓之为“民族复活”。……如果留心体会分析这几十年的事情，则可知中国人是如何地一步一步在唾弃旧的了。唾弃到最后，将慢慢找回来而另开一新局面。它必非传统的，乃为再生的；所谓“找”即重新认识与再生之意，重新认识之后，

愈来愈看得清楚，愈清楚愈加发挥，终至发展成一个新的生命。此一新的生命，自一面说是非传统的，系再生的、复活的；自一面说，生命是旧的生命，不过家伙换了一套，机构为之一新而已。

——《精神陶炼要旨》，《梁漱溟全集》第5卷，第506—508页

今日已是西洋化的中国民族自救运动之终局。……所谓从民族自觉而有的新趋向，其大异于前者，乃在向世界未来文化开辟以趋。……世界未来文化正是中国文化之复兴。

——《中国民族自救运动之最后觉悟》，
《梁漱溟全集》第5卷，第113、115页

2. 伦理本位——“中国老道理”之一

伦理关系，始于家庭，而不止于家庭。何为伦理？伦即伦偶之意，就是说，人与人都在相互关系中。人一生下来就有与他相关系的人（父母兄弟等），人生将始终在与人相关系中而生活（不能离社会）。既在相关系中而生活，彼此就发生情谊。亲切相关之情发乎天

伦骨肉，乃至一切相关的人，莫不自然有其情。因情而有义。父义当慈，子义当孝，兄之义友，弟之义恭，夫妇、朋友乃至一切相关之人，随其亲疏、厚薄，莫不自然互有应尽之义。伦理关系即是情谊关系，也即表示相互间的一种义务关系。集团生活中每课其分子以义务，那是硬性的、机械的;而这是软性的、自由的。在集团生活中发达了纪律，讲法而不讲情；在这种生活中发达了情理，而纪律不足，恰好相反。西洋既以团体生活过重，隐没伦理情谊；继又以反团体而抬高个人，形成个人本位的社会；于是他们的人生，无论在法制上、礼俗上处处形见其自己本位主义，一切从权利观念出发。伦理观念发达的中国社会反是。人类在情感中皆以对方为主（在欲望中则以自己为主），故伦理关系彼此互以对方为重；一个人似不为自己而存在，乃仿佛互为他人而存在者。这种社会，可称伦理本位的社会。

——《乡村建设理论》,《梁漱溟全集》第2卷，第168页

伦理本位社会，试从社会、经济、政治三方面比

较来看：

一、社会方面—— ……家庭与宗族在中国人生上占极重要位置，乃至亲戚、乡党亦为所重。习俗又以家庭骨肉之谊准推于其他，如师徒、东伙、邻右，社会上一切朋友、同侪，或比于父子之关系，或比于兄弟之关系，情义益以重。举凡社会习俗、国家法律，持以与西洋较，在我莫不寓有人与人相与之情者，在彼恒出以人与人相对之势。

二、经济方面——夫妇、父子共财，乃至祖孙兄弟等也共财。若义庄、义田一切族产等也为共财之一种。兄弟乃至宗族间有分财之义；亲戚、朋友间有通财之义。以伦理关系言之，自家人兄弟以讫亲戚、朋友，在经济上皆彼此顾恤，互相负责；有不然者，群指目以为不义。……在西洋为个人本位的经济；中国亦非社会本位的，乃伦理本位的经济也。

三、政治方面——但有君臣间、官民间相互之伦理的义务，而不认识国家团体关系。又比国君为大宗子，称地方官为父母，举国家政治而亦家庭情谊化之。以视西洋近代之自由主义的宪法，在政治上又见出其个人本位与国家相对待者，又适不同。

……（中国人）分际关系自有伸缩，全在“情理”二字上取决，但不决定于法律。……说到政治，不但整个的政治组织放在一个伦理关系中，抑且其政治目的也全在维持大家伦理的相安，——如何让人人彼此伦理上的关系各做到好处（父父、子子、君君、臣臣），是其政治上的理想，更无其他。这与西洋近代国家以法律保障个人利益为其责任者，迥然不同。

——《乡村建设理论》,《梁漱溟全集》第 2 卷，第 168—170 页

3. 教化、礼俗、自力——“中国老道理”之二

从来中国社会所赖以维持者，不在武力统治而宁在教化；不在国家法律而宁在社会礼俗。质言之，不在他力而宁在自力。贯乎其中者,盖有一种自反的精神，或曰向里用力的人生。

一、从伦理本位的社会构造，让人人向里用力。每一中国人，统为其四面八方由近及远的伦理关系所包围；其日常实际生活，处处都有对人的问题。……

本来人类生活第一是对付自然的问题；而中国人于此乃将对人的问题提到前边，将对物的问题却放在后边。（此问题之转移，为中西文化不同一大关键。）人之对物，须眼睛向前看，力量往外用；……若对人则不然，……只有两眼转回来看自家这里……在自己身上用力。……所求无非彼此感情之融和，他心与我心之相顺……

二、从职业分离的社会构造，让人人向里用力。在阶级对立的社会，其形势逼着人向外冲去以求解决，而职业分立的社会……大体上人人机会平等……唯有自立志、自努力、自鼓舞、自责怨、自得、自叹，……一切心思力气，转过来，转回去，只能在自家身上用。

总而言之，中国社会处处训练人向里用力。从前一面所得教训，如反省、自责、克己、让人、学吃亏……；从后一面所得的教训，如勤俭、刻苦、自励、要强……；贯乎其中者要皆一种精神而已。……我们可以借用一句古话："自天子以至于庶人，一是皆以修身为本。"

世称中国文明、印度文明、西洋文明为世界三大文化系统，各有其特异之点。在印度，最使人诧异者为其宗教之偏畸发达,什么都笼罩在宗教之下。在西洋,最惊人的是其征服自然的科学技术。若中国,则其大可异处即此社会秩序自自然然能维持是已中国人或不自觉其可异,然试从文化比较,或审乎社会进化之序者,即不能不推为人类一最伟大的成功。

——《乡村建设理论》,《梁漱溟全集》第2卷,第179—181页

教化、礼俗、自力三者内容皆为理性。……所谓自力,即理性之力。礼必本乎人情;人情即是理性。故曰:“礼者理也。”非与众人心理很契合,人人承认他,不能演成礼俗。至于教化,则所以启发人的理性。

所谓“理性”,是指吾人所有平静通达的心理。吾人心里平平静静没有什么事,这个时候,彼此之间无论说什么话,顶容易说得通。这似乎很浅、很寻常,然而这实在是宇宙间顶可宝贵的东西,人之所以异于禽兽者就在这一点。如果有人问我:中国文化的特点或长处在哪里?我便回答:就在这里,就在能发挥人的理性。我尝说:中国文化是人类文化的早熟,现在更正确地指实来说,那就是人类理性开发得早,想明

白中国过去的文化，及中国未来的前途，都要先明白这个东西——理性。

中国人尽可失败，理性则总是要胜利的。此根于人类理性而发育的文化，任何人类遇着都像是寻到了自己的家，如水归壑，不求自至，尤其从理性来的“天下一家”的精神，不存狭隘的种族意识、国家意识。

——《乡村建设理论》,《梁漱溟全集》第 2 卷，第 181、185 页

孔子恰与宗教相反。他不建立一个大的信仰目标，他没有独断的(dogmatic)标准给人，而要人人自己反省。他尤不以罪福观念为宰制支配人心之具，而于人生利害、得丧之外指点出义理来；并要你们打破这些祸福、得丧念头，而发挥你本有的是非、好恶之心。他相信人有理性，他要启发人的理性。……超绝观念不合于他的系统，强权势力他也不受，乃至多数人的意见也不一定合理。唯理所在甘之如饴，于是就开出来中国人数千年好讲理之风。所谓“有理讲倒人”“有理走遍天下，无理寸步难行”“什么也大不过理去”，从这些

话看出他们的信念要求何等坚强！

理性，一面是开明的，——反乎愚蔽；一面是和平的，——反乎强暴；故惟理性抬头，愚蔽与强暴可免。有时儒家彻见及此，而深悯生民之祸，乃苦心孤诣，努力一伟大运动，想将宗教化为礼，将法律、制度化为礼，将政治（包含军事、外交、内政）化为礼，乃至人生的一切公私生活悉化为礼；而言“礼”必“本乎人情”。将这些生活行事里愚蔽的成分、强暴的气息，阴为化除，而使进于理性。

——《乡村建设理论》，《梁漱溟全集》第 2 卷，第 182—184 页

孔子毕生所研究的，的确不是旁的而明明就是他自己；不得已而为之名，或可叫“自己学”。……孔子的学问是最大的学问，最根本的学问。——明白他自己，对他自己有办法，是最大最根本的学问。我们想认识人类，人是怎么回事，一定要从认识自己入手。凡是对自己心理无所体认的人，一定不能体认旁人的心理；因为体认旁人得到心理无非以我度他，了解旁人必须

先了解自己。……历史、政治、教育、经济、军事，都是研究人事的学问。所以明白了人，不啻明白了一切学问；明白了人类心理，能做的事就太多了。……

孔子学说的真价值，就在他自己对自己有办法，……亦就是自己不跟自己打架，自己不跟自己闹别扭。……他的生命很圆满，他自己的生活很顺适！

中国文化和印度文化有其共同的特点，就是要人的智慧不单往外用，而回返到自家生命上来，使生命成了智慧的，而非智慧为役于生命。西洋人至近代以来，学术虽很发达，可是都系智慧向外用的结果。

我更说一句话，现在的西洋人要失败在中国人面前。

——《孔子学说之重光》，《梁漱溟全集》第 5 卷，第 552—555 页

一条路谓之“法”，一条路谓之“礼”。

凡一事之从违，行之于团体生活中，人情以为安，此即所谓礼；它表面无所构定，而内里自有不可易者，错一点就不是——标准是有标准的，不过把标准放在

里头了。这个标准，我们要把它做到大家相喻而共守。大家都承认——你也承认，我也承认……如果大家都承认了，则凡事都可以说得通。

凡一事之从违，行之于团体中，借外面有形的、可凭的标准以为决定，可行者行，不可行者止；取决于外面，于事为便，此即谓之法。在法表面上的标准很清楚，很明白，很确定；然与内里人情不一定就相恰。

礼与法是两个很不相同的路。我们的这个组织，是一个伦理情谊的组织，以人生向上为目标，故天然不能用法。……我们看《村学乡学须知》，……种种须知,都不是法律的话。……如“于邻里不睦者应加调解，勿使成讼”。这就是近于礼的话。再如……“村学学长立于监督地位”，……至于如何监督没有说，不服监督或不监督又如何亦没有说，……都只是规定出一个方向,本此方向以培养出一个习惯,将来可凭的就是习惯,我们说建设新礼俗亦即此意。礼而成俗，就是一个习惯……养成一种大家相喻而共守的东西。

所谓礼是指社会制度而言，不一定点头鞠躬算是礼。礼的根本、礼的重要、礼的大端是在制度，不过这个制度运用去行的时候，还是靠礼貌之礼、礼节之礼。……在将来的时候，中国人一定有他所适用的一套政治制度；这个政治制度，我相信它全然不是西洋玩意儿。可是这个政治制度只能从事实上去创造（并且亦是创造事实），才能慢慢创造出来，现在尚不能有。

将来的政治制度，在我推想，大意不外乎此——不外乎我们的这个乡村组织。我所谓新政治习惯、新礼俗、中国的民主政治，都是指这个说。所谓人治的多数政治，也是指这个而言。在这个乡村组织中，可以见出来政治制度的大意——将来的政治制度是怎样的，我现在还是不敢说，我只能说其大意是如此。

——《乡村建设理论》，《梁漱溟全集》第 2 卷，第 382—384、385、389—390 页

我对于音乐历来是看得很重的，因为它可以变化人的心理，激励人的人格。我觉得中国之复兴，必有待于礼乐之复兴。依我理想的社会组织，其中若没有礼乐，必至成为死的东西。

——《朝话·谈音乐》，《梁漱溟全集》第 2 卷，第 122 页

4. 人生向上之义——“中国老道理”之三

此刻乡下人最大的不好即贪图近利；看利看得太近、太小……他于稍远一点、大一点的事，便不敢作此想。可是现在的事情，非大做不行，非往远处看不行。要知道大的创造之气没有，是开不出前途来的，只有窘死在当下完事！……我们应当从根本上复苏了农民的精神，发动其进取之心才有办法。……我们必须先为农民寻得精神上的出路。我们的乡村组织，本乎古人“乡约”之意而来，……团体则以大家齐心向上学好求进步为目标。“个人的向上”“社会的向上”，只有从这个较高的地方，才能打动中国人的心，才能振起中国人的气，只看眼前的利，是让人往更没出息里去。……浅薄的功利思想、反乎伦理的个人主义，只是让中国人精神更受伤，更气短，更压迫得喘不过气来。

——《乡村建设理论》，《梁漱溟全集》第 2 卷，第 424—426 页

西洋人是为满足欲望而组织国家。西洋人对于人生的观念与我们不同，他看人生是欲望的人生；……所谓尊重个人自由就是尊重个人欲望。国家一面消极

地保护个人的欲望，不妨碍个人的欲望，一面还积极地为大家谋福利，帮助满足个人欲望。故西洋政治可谓“欲望政治”。……中国今后要有意的组织团体，但组织团体要干什么？……如果单单拿一个谋生存满欲望的意思来作组织团体的目标，而欲从此处让中国人自动的如何如何，实在打不动中国人的真心，拔不出中国人的真劲！因为历史上的中国人，——中国古人，已经提出一个更高更深更强的要求，……即所谓“义理”之要求是也。中国人所读的“四书”，完全讲究此理。他把穿衣吃饭生活放在第二层：如“食无求饱，居无求安”，不求安饱而求安饱以上的；如“就道而正焉”，做人做事正诸有道以求其“对”；如“德之不修学之不讲是吾忧也”，所忧不在他而在“此”。此要求比图生存谋福利的要求更高更深，在人心深处有其根据。……如不从人生向上之义来打动中国人的真心，引发中国人的真劲，则中国地方自治，必不能成功，组织国家亦无希望。……组织国家非先标明道德与法律合一不可。如此的团体生活不单是图生存过日子而且还有领导大家向上学好之意。孙中山先生说“政治是众人之事”，那只是西洋政治的“的解”；中国未来的团体生活将不但管众人之事，而且寓有人生向上互相勉励之意——就是政教合一（把众人生存的要求，与向上的要求合而为一）。

——《中国之地方自治问题》，《梁漱溟全集》第5卷，第339—340页

在乡约中有可注意的一点，即人生向上，志气的提振，这是乡约的一个根本。……秩序的建立，总不外靠此二者：强力与理性二者相互维持。……这两个东西是冲突的，有不相容性的。……你当真要靠理性的时候，就要拒绝武力。在当真要用理性建立社会秩序的时候，则这个维持社会秩序的力量不在外而在内，不在人而在己；所以这个时候，如何能使理性伸张、发挥、开启，为非常重要。……主要的即在自己志气提振。……人只是一个可能性，……他不是一个现成的、机械的，而是给你留出一个空来，等你去充实。你不去充实他，他就没有了。……所以古人说："莫先乎志。"志气很重要，如无志气，则一事无成——这是乡约原来的意思。……（而乡约）是偏乎个人的善——其缺

短就在：一是偏乎个人，一是有所限。我们的补充改造，即是把偏乎个人的一点看成社会的，把有限的一点看成永远开展的。

——《乡村建设理论》，《梁漱溟全集》第 2 卷，第 331—333 页

5. 崇尚贤者——“中国老道理”之四

中国的科学不发达，可是它有一种对于人生向上，对于道德的要求；从这种要求出发，则要尚贤。中国不能有团体组织则已，如果有团体组织，那么，这个尚贤的风气仍要恢复，事情的处理，一定要听从贤者的话。……尚贤尚智根本是一个理，都是因为多数未必就对。取决多数只是一个省事的办法。……人类是一个理性的动物，其最后的要求，是要求科学上的真、道德上的善……不十分合理性的方法它就不要。……我们将来所要成功的团体组织……不必取决多数，可是并不违背多数；它正是一个民治精神的进步，而不是民治精神的取消。……在一个团体中，少数贤智之士的领导与多数人的主动二者可以调和，并不冲突。

如能运用得越好的时候，越可以同时并有，完全不冲突。“少数人领导就是众多人被动”，不必有此结论。……这个调和，我名之为：“人治的多数政治”或“多数政治的人治”。政治上的分别，不外多数政治与少数政治，我们的现在这种尊尚贤智，多数人受其领导的政治，自一方面看，的的确确是多数政治，因为多数是主动，而非被动；但同时又是人治而非法治，因不以死板的法为高，而以活的高明的人为最高。……一个人未尝不可因大家承认同意而为最高。……（这）是顶合中国人精神，顶合古人理想的一种政治。——中国古来的儒家，他有一个最浓厚显著的倾向，就是反对武力；如《孟子》上所说：“以力服人者非心服也，为不赡也；以德服人者，中心悦而诚服也。”……他以为如果大家佩服你，你就可以为君。为君不在有武力而在以多数人的意思为从违。

——《乡村建设理论》，《梁漱溟全集》第2卷，第290、292—293页

克服这困难的根本一着，就是提高社会的明智力。苏联之成功，靠它国家的强制力；我们的成功，则有

赖于社会的明智力，或曰社会的脑力。……我们要有眼光的看准方向去推进社会；不能等着内地乡村没有眼光、没有方向的农民去瞎碰瞎摸。……总之要造成社会向上求进步的气势，集中有学问知识的人才，开出多数人接受少数高明人领导的路子。简言之，就是提高教育在社会中的地位，而加强其机构力量。这是一个根本；从这根本才可以生出一些方法来。

——《乡村建设理论》，《梁漱溟全集》第 2 卷，第 550—552 页

在人类社会中，一般人是应受贤者智者领导的。……因为知识学问这个东西，天然是多数人不如少数人，天然不能普遍齐一。（知识学问越进步，越专门化；越专门化，越不能普遍）故人类在知识上讲，在生活方法上讲，都要常常受教于人，受人领导。……理性越发达，文化越进步的社会，越应当尊重学术尊重专门知识；这恐怕是一个永远的必要。所以团体的事，应由有专门知识学问有头脑眼光的人来领导大家，常常提醒大家，替大家出主意，等大家了解承认之后再去做，这实在是一个最好的、最理想的、最富于理性的社会。

——《乡村建设大意》，《梁漱溟全集》第 1 卷，第 710 页

按中国人的道理，大家在团体中的地位应当一律平等；可是有两个天然不可少的等差：一种是看重理性、尊尚贤智而来的等差；一种是从尊敬亲长而来的等差。……在中国的礼中这两种等差是很自然的、不可磨灭的、天然要有的，与平等并不冲突。

——《乡村建设理论》，《梁漱溟全集》第2卷，第296页

士人立志就要为“王者师”。历史上中国社会的秩序还是君主统治的局面，士人则介于君主与众庶之间以为调节缓冲。……一面常提醒规谏君主，要他约束自己，薄赋敛，少兴作，而偃武修文；一面常教训老百姓要忠孝和睦，各尽其分，而永不造反。如是，就适合了双方的需要而缓和了他们的冲突。

——《乡村建设理论》，《梁漱溟全集》第2卷，第187页

（四）精神的陶炼

1. 立“深心大愿”：精神陶炼要旨

“精神陶炼”这一科，原来的名字是“乡村服务人员之精神陶炼”，在讲明有志服务乡村的——乡村建设运动者——应行具有的精神。……

我们“乡村服务人员之精神陶炼”一科目，就是要启发大家的深心大愿。我们能有深心大愿，才没有俗见俗肠。比如看见财利浮名都心热，无关轻重的成败毁誉都顾虑，这完全是世俗的心理。我们的乡村建设是一个很大很远的工程，我们要有深心大愿，方可负荷此任。……明末王船山先生顶痛心“俗”。他曾说过一句话，非常深切动人。他说：“恶莫大于俗。”这是很值得我们深切反省的一句话。俗见俗肠非洗刷干净不可；而要洗刷俗见俗肠，必在深心大愿出来的时候。……深心大愿是什么呢？就是要你有真问题，不要有假问题，要有大问题，不要有小问题。……有小问题者为小人，有大问题者为大人。真问题是活泼有力，隐然藏于中而莫能去；如时有时无，忽起忽落，那就是假问题。有真问题时，就解决深心大意了。

什么是深心？深心即悲悯。普通说："悲天悯人。"当社会上多数人都在痛苦灾难之时，容易发生怜悯之心。不过悲悯亦还有更深的意思，……不一定看见灾难才有，而是无时不可以没有的。这一种悲悯，自己亦在其中，斯乃一根本的悲悯，斯乃一对人生的悲悯。……如果我们只是一天一天地活着，笔直机械地活着，不会发生人生之感，——人生之感是从反回头看人生时，所发生的一个更深的慨叹，一个更深的悲悯。此必须从对人生的反省而来，平常不容易有。

大愿即深心；有深心始有一种大的志愿力。这是无所不包的大愿，照我所了解，大概佛是一个有大愿心的人。中国的古人（儒家），多半勉人立志，勉人立志就是勉人发大愿心。如张子“民胞物与”的话（“民吾同胞，物吾与也”），很能够代表儒家教人发愿的精神。如果我们不发愿、不立志，我们的乡村建设亦即无从讲起。这一种愿力，超越个体生命；仿佛有一个大的生命，能够感觉个体生命问题以上的问题。能够超越个体生命而有一个大的生命，从这个地方就见出来是“人”，“人”就是这个样子。如果大家要问我怎样是“人”？我的回答:人就是感觉问题顶敏锐、顶快、顶多、顶大，——无所不感觉。这样就是人，人与其他动物不同即在此。是甜、是苦、是痛、是痒、是合适、是不合适，他感觉得非常之快，并且他的感觉无所不到;所以他的问题特别多、特别大。动物虽然亦苦，然而苦不过人；人如果觉得苦，那才是真苦啊！人要是快乐，那才是真快乐啊！……其感觉特别多、特别大、特别深刻、特别敏锐者谓为“人”,“人”亦即“仁”也。“人”“仁”这两个字是相连的，其义亦相通。所以古人常说这么一句话:“人者仁也。”……物类与人类之不同在此，俗人与超脱之人之分别亦在此。俗人问题少、问题小、问题浅；他的感觉迟钝，感觉不够，亦即其“仁”之不够也。我们并不是想做一个超过常人的人，并不想与众不同；可是不愿意做一个不够的人，而愿意努力圆足人类所具之可能性。

——《精神陶炼要旨》，《梁漱溟全集》第5卷，第492—494页

中国陷于左右来回的双重矛盾中……伦理本位的社会崩溃了，而如西洋一样的个人本位或社会本位的社会也未建立。在这东不成、西不就的状态中，处处是矛盾，找不到准辙，没有法子相安。——为父者不知应如何为父，为子者不知应如何为子，为婆为媳者不知如何为婆为媳，在学校先生也不好当，学生也不好当。因而家庭父子之间、学校师生之间、朋友同侪之间，乃至政府与人民、上级官与下级官之间，统统不能相安，彼此找不出一个妥帖点来。

在这左右来回的矛盾中，非有真正高明的眼光，深彻的认识，对中国伦理本位的道理有了解，能承认；对西洋近代的思想有了解，能承认；对反西洋近代的潮流有了解，能承认；把事情全看得通，找出一个坦

荡的大道来，让这许多矛盾都不成矛盾。……在这一个矛盾的时候，需要一个真正的通人，才能把这个事情通得过，才能开出我们现在应当走的道路，解决许多矛盾，建立新的社会。

——《乡村建设理论》，《梁漱溟全集》第2卷，第207、208页

我们要来发愿改造我们的乡村，更大而改造我们的社会，创造人类新文化。这也就是非说大话不可，非有大的勇气不可。……大家不要以为这话（改造社会，创造新文化）太大，以为与乡下人讲改造社会，创造新文化，恐怕他很难懂，好像是说不通；但我觉得是可以说得通的。说不通也要说，非说通不可。说来说去就通了！不让他——乡下人——有小志气。我们除了不说话，说话就说大话，我们除了不讲，讲就讲大道理。拼命地往大里去！

——《乡村建设理论》，《梁漱溟全集》第2卷，第333页

我们是要往外去，与外边的远近各地联络。……我们是要由乡与乡的联络，而渐及于县与县、省与省的联络，要普遍地去联络，相往来，通消息。为什么要如此？

因为我们是要改善社会，创造新文化，不是单为个人的善。

——《乡村建设理论》，《梁漱溟全集》第 2 卷，第 333 页

天下事没有是为摆样子的，都是真事情。这个组织必真有其作用，真能够干什么，才能有组织；组织不发生作用，则此组织无存在的可能。……所谓干事情，如用另外一个名词，就是解决问题。解决问题就算是干了事情，也就是有了作用。

——《乡村建设理论》，《梁漱溟全集》第 2 卷，第 350 页

2. 朝会：讲学与社会运动的结合

我的主张——要复兴古人讲学之风，使讲学与社会运动打成一片。……朋友们在一起相处，虽然是一种团体生活，但没有什么会章。大家只是以人生向上来共相策励，每日只是读书，讲一讲学问。

在北平师生约十人，我们在什刹海租了一所房，共同居住，朝会自那时就很认真去做……如在冬季，

天将明未明时，大家起来后在月台上团坐，疏星残月，悠悬空际，山河大地，皆在静默，唯间闻更鸡喔喔作啼，此情此景，最易令人兴起，特别地感觉心地清明、兴奋、静寂，觉得世人都在睡梦中，我独清醒，若益感到自身责任之重大。在我们团坐时，都静默着，一点声息皆无。静默真是如何有意思啊！这样静默有时很长，最后亦不一定要讲话，即使讲话也讲得很少。无论说话与否，都觉得很有意义，我们就是在这时候反省自己，只要能兴奋反省，就是我们生命中最可宝贵的一刹那。

（朝会时）要大家心无旁骛，讲话则声音低微而沉着，……能达入人心者深，能引人反省之念者亦强。

——《朝会的来历及其意义》，《梁漱溟全集》第 2 卷，第 40—41 页

孤独

现在天未明，众人都在梦中，我们已经清醒；众人都在休息，我们已经工作。于此即有先众人而劳作之意。许多人在一块，大众熙熙融融是一种乐；但孤独也是一种乐。孤独似是凄冷中却有超世味。孤独而勤励更有站在高处俯视而奋发迈往之意。这正是担当

社会改造的人所应常常存于心里的味道。这味道必在孤独时方能得之，孤独而勤劳时得之。

——《朝会讲话四则》,《梁漱溟全集》第5卷，第685页

以出家的精神做乡村工作

真正的和尚出家，是被一件生死大事，打动他的心肝，牵动他的生命；……我同样是被大的问题所牵动，所激发。……在佛家原是为众生，悲悯众生，为众生解决生死；这种不忘众生，念着众生的心理，做乡村运动的人，应当仿效。

——《以出家的精神做乡村工作》,《梁漱溟全集》第5卷，第425页

反省

大家自己要在自己身上反省：有没有正大的志趣？是不是有时自己找不着自己，忘记自己？陷于狭小，俗气！光阴是不是旷废？自己要注意！个人对自己的事情总要安排一下，——我将怎样用我这一天？或这一月的工夫怎样安排？大家需存一种恐惧，感觉缺欠！

——《朝会讲话四则》,《梁漱溟全集》第5卷，第685页

言志

今日早晨想到《论语》上“盍各言尔志”一句话，现在就言我的志。

“你的志愿何在？”如果有人这样问我，那我可以回答：

我愿终身为民族社会尽力；并愿使自己成为社会所永久信赖的一个人。

在这混乱的中国社会，无论在思想上、在事实上，都正是彷徨无主的时候。这时候做人最难有把握，有脚跟。……我觉得现在的中国，必须有人一面在言论上为大家指出一个方向，更且在心地上、行为上大家都有所信赖于他。然后散漫纷乱的社会才仿佛有所依归，有所宗信。一个复兴民族的力量，要在这个条件下才能形成。我之所以自勉者唯此；因我深切感到社会多年来所需要者唯此。

我是对中国前途充满了希望、绝对乐观的一个人。我胸中所有的是勇气，是自信，是兴趣，是热情。这种自信，并不是盲目的、随便而有的；这里面有我的眼光，有我的分析与判断。……我的自信不难成为大家的共性；我的勇气可以转移大家的灰颓之气。大概中国社会不转到大家有自信、有勇气之时，则中国将永远没有希望。……我充分有这自信。单有方向指针还不够，还须有为社会大众所信托的人格，为大家希望之所寄。因此，我要自勉做一个有信用的人，不令大家失望。

——《朝话》，《梁漱溟全集》第 2 卷，第 46—48 页

吾人之自觉力

一个人缺乏了“自觉”的时候，便只像一件东西而不像人，或说只像一个动物而不像人。“自觉”真真是人类最可宝贵的东西！只有在我的心里清楚明白的时候，才是我超越对象、涵盖对象的时候；只有在超越涵盖对象的时候，一个人才能够对自己有办法。人类优越的力量是完全从此处来的。所以怎么样让我们心里常常清明，真是一件顶要紧的事情。

古代的贤哲，他对于人类当真有一种悲悯的意思……悲悯人类本身常常有一个很大的机械性……愚

蠢而不能清明自主，像完全缺乏了自觉地在那里转动。

人在什么时候才可以超脱这个不自主的机械性呢？那就要在他能够清明自觉的时候。不过，这是很不容易的。人在婴儿时代是很蠢的……到了幼年、青年时代，又受血气的支配很大。成年以后的人……在后天的习染已成，如计较、机变、巧诈等都已上了熟路，这个更足以妨碍、蒙蔽他的清明自觉。……人类之可贵在其清明自觉，人类之可怜在其不能清明自觉，但自今以前的人类社会，能够清明自觉者，实在太少了。

——《朝话》，《梁漱溟全集》第2卷，第45—46页

忏悔—自新

在人生的时间线上须臾不可放松的，就是如何对付自己。如果对于自己没有办法，对于一切事情也就没有办法。……如何把自己的生活，安排得顺顺当当，就不容易。……若是资质很聪颖的人，他自己有点才气，其问题就越复杂，越难办！……大概有聪明的人，好出风头，爱面子，对声色货利等等，格外比旁人贪求。……本来他要强的心也比旁人明白，可是他为坏

的心也比旁人高；如果内心不澄清，认不清楚自己，这时他心里一定有许多问题。教他去做乡村工作，也一定也有很多问题；因为他不能对付自己，则终日惝恍，精神上得不到安慰；自己先不安，还有何法去做乡村工作呢？

如何才能够使内心的矛盾冲突平下呢？……只有“忏悔”“自新”才能解决这个问题。……如果谁能够对自己的责备越严，其“忏悔”也越深，这种人大概都是好人。

我的“忏悔”“自新”，不是从宗教来，可以说完全是从对人类生命有了解，对人类生命有同情这个地方来的。……人类生命当真是可悲悯的。因为人类生命是沿着动物的生命下来的……他完全不由自主。……好恶爱憎种种情欲，多半不由自己。……人能够管住他自己的很少……好名、出风头等，有时自己也知道，好歹都明白，可是他管不了自己。

因为我对人类生命有了解，觉得实在可悲悯，可同情，所以对人的过错，口里虽然责备，而心里责备的意思很少。他所犯的毛病，我也容易有。平心说，我也是幸而免。……这样对人类有了解、有同情，所以要帮助人“忏悔”“自新”，除此更有何法！人原来如此啊！你自己原谅自己罢！大家都各自原谅自己罢！“过去的不说了，我们再努力开拓新生命罢！”只有这一句话。……把“悔恨”转为悲悯，自己可怜自己。到了悲悯的心境，自己就高超了一层：自己不打架，不矛盾冲突，于是真能“忏悔”“自新”，开拓新生命了。

——《朝话》，《梁漱溟全集》第 2 卷，第 41—43 页

欲望与志气

没有志气的固不用说，就是自以为有志气的，往往不是志气而是欲望。……殊不知正在这些地方，是自己骗自己害自己。

——《朝话》，《梁漱溟全集》第 2 卷，第 49 页

心理的调整

要常常回头看，发见自己的缺欠，注意去调理。做事则要集中精力去做，一面须从容安详，一面还要挺然。挺然是有精神，站立得起。安详则随时可以吸

取新的材料。

——《朝话》,《梁漱溟全集》第 2 卷，第 51 页

亲师取友

如果我们有意去调理自己，则亲师取友，潜移默化，受其影响而得其养，是一个最好的办法。……假定我的脾气是急躁的，与脾气和平者相处，可以改去急躁；我的精神不振，而得振作的朋友，我处在其中，也自然会于无形中振作起来。……好的朋友多，自然向上走了。

朋友间彼此帮忙时所应注意的，就是：以同情为根本，以了解为前提。

——《朝话》,《梁漱溟全集》第 2 卷，第 52—53 页

以坦白之心相示

师生之间切不要使之落于应付，应常常以坦白的心相示，而求其相通。……所谓坦白，就是指自己力量尽到而言；虽然自己有短处，有为难处，也要照样子摆出来。如果力量没尽到而搪塞饰掩，这是虚伪；如果力量没有尽到而把懒惰摆出来给人看，这便是无

耻。这两者是毁灭生命的凿子。人生只有尽力，尽力才有坦白之可言。

——《朝话》,《梁漱溟全集》第 2 卷，第 53 页

谈习气

我常说，“一切罪恶过错皆由懈惰中来”，实是如此。精神不振,真是最不得了的事。最让人精神不振者,就是习气。凡自己心里不通畅，都是自找，而非由于外铄。心小气狭都是习气，也就是在里边有私意。……自己老是缠住自己，挡住自己，这就是懈惰，最容易弱损自己的生命力。

——《朝话》,《梁漱溟全集》第 2 卷，第 56 页

朋友与信

朋友之道,在中国从来是一听到朋友便说“信”字。但普通之所谓信，多半是“言而有信”的意思，就是要有信用。这样讲法固不错;但照我的经验，与朋友往还,另有很重要的一点:……朋友与朋友之间要信得及，信得过所谓知己的朋友，就是彼此信得及的朋友。我了解他的为人，了解他的智慧与情感，了解他的心性与脾

气。清楚了这人以后，心里便有把握，知道他到家。朋友之间，要紧的是相知；相知者彼此都有了解之谓也。

交朋友时，要彼此心性认识，做到深刻透达的地方才成。若相信的程度不到，不要关系过密切了。

——《朝话》，《梁漱溟全集》第2卷，第58—59页

谈学问

学问是我们脑筋对宇宙形形色色许多材料的吸收、消化。吸收不多是不行，消化不了更不行。在学问里你要进得去而又出得来，这就是有活的生命，而不被书本知识所压倒。……在佛家禅宗的书里面，……讲一个大师对许多和尚说："你们虽有一车兵器而不能用，老僧虽只寸铁，便能杀人。"这寸铁是他自己的，所以有用；别人虽然眼前摆着许多兵器，但与自己无关，运用不来：这就是在乎一自得，一不自得也。问题来了，能认识，能判断，能抓住问题的中心所在，这就是有用，就是有学问；问题来了，茫然地不能认识问题的诀窍，不能判断，不能解决，这就是无学问。

——《朝话》，《梁漱溟全集》第2卷，第61页

研究问题时所需的态度

（一）要有一个追求不放松的态度。不追求很容易只看见一些广泛的材料，而不能把握其要点。……

（二）要不怕问题牵连广大。并且不要注意这个，就忘去了那个，要能将与本问题有关系之各方面都照顾得到。要能辗转牵引，像滚雪球一样愈滚愈大，可是始终还是一个球。

（三）要从容有含蓄，不要性急。性急是一般人最容易犯的毛病。……你说民主制度不好，他就想到你是相信独裁；你批评资本主义，他就想到你是共产党。诸如此类，这都是由于性急之故。我说话时常常不愿说一面理，譬如讲近代西洋政治制度时，先说明其牵掣均衡的巧妙处，但我的意思却不在这里。这里是宾；其与我的主张结论相去不知多少路远，在这底下要转弯的；因为我的思想经过了许多变化，只要凭此曲折以衬托出我的正面意思而已。若还以为我的主张是这么样，便是一个大错误。可是在心浅性急的人，却很容易辨不清宾主本末而发生误会。

——《朝话》，《梁漱溟全集》第 2 卷，第 61—62 页

我写文章的方法与态度

我写文章的方法，多半为辩论体裁，先设身处地将别人的意见，叙述得有条不紊、清清楚楚，而后再转折说出我的意见。……在《东西文化及其哲学》一书中，我对于西洋文化的优点先阐明无遗，东方的不行处说个淋漓痛快，然后归折到东方文化胜过西洋文化之处。我原来并不曾想到著书立说、谈学问，只是心目中有问题，在各个问题中都用过心思，无妨将用过的心思说给大家听。

——《自述》，《梁漱溟全集》第2卷，第13页

对异己者的态度

对方即与我方向不同的人，与我主张不同的人，我们都要原谅他，并要承认对方之心理也是好的，不应作刻薄的猜测。同时，在自己的知识见解上要存疑，怕也不必都对。我觉得每个人对自己的知识见解，（都要）常感觉自己不够，见闻有限。自觉知识见解低过一般人，旁人都比我强。这种态度，最能够补救各种不同方向（派别）的彼此冲突之弊而相互取益。冲突

之由起，即在彼此都自以为是。如此，则我不容你，你又妨碍我，彼此牵掣抵牾，互相折毁。……彼此都应该在心术上有所承认，在人格上有所承认，只是彼此所见尚须商量，然后才可取得对方之益，达于多分对的地步。……人生本来始终脱不开与人互相交涉的。越往后，人生关系越复杂、越密切；彼此应当互相提携合作……有一个根本点，就是：必须把根本不相信人的态度去掉。……不信任人的路，越走越窄，是死路；只有从信任人的路上走去，才可开出真正的关系和事业的前途来。

——《朝话》,《梁漱溟全集》第 2 卷，第 64—65 页

没有勇气不行

没有智慧不行，没有勇气也不行。……但短于智慧的人，大约也没有勇气，或者其勇气亦是不足取的。怎样是有勇气？不为外面威力所慑，视任何强大势力若无物，担荷若何艰巨工作而无所怯。……无论什么事，你总要看它是可能的，不是不可能的，……你总要“气吞事”，而不要被事慑着你。

——《朝话》,《梁漱溟全集》第 2 卷，第 67 页

我的信念

第一个信念：我觉得每人最初的动机都是好的，人与人都是可以合得来的，都可以相通的。不过同时每一个人亦都有些小毛病（不过有多少轻重之分），故让人与人之间，常有不合不通的现象。……但人在根本上说，向上要好，还是人同此心，心同此理。……

第二个信念：我觉得一切的不同都是相对的、比较的。换言之，即一切的不同都是大同小异。……所以彼此纵有不同,不必看成绝对鸿沟之分。更进一步说，即不同，其实亦不要紧，天下事每每相反而实相成……要欢迎异的,要异才好。我们在见解主张上不必太狭隘、固执；要能“宽以居之”，方能将各方面容纳进去。

——《朝话》,《梁漱溟全集》第 2 卷，第 71 页

谈合作

合作的根本，即在情谊相通；情谊相通，必彼此互以对方为重；唯有情谊才可促进人类的好生活。

——《朝话》,《梁漱溟全集》第 2 卷，第 73 页

真理与错误

真理同错误，似乎极远，却又极近。任何错误都有对，任何不对都含有真理；他是错，已经与对有关系，他只是错过了对。怎样的错，总还有一点对；没有一丝一毫的对，根本没有这回事。任何错误意见都含有对；较大的真理是错误很少，最后的真理是错误的综合。错就是偏，种种的偏都集合起来，容纳起来，就是真理。容纳各种派，也就超越了各种偏，他才得有各种偏。最后的真理就是存在这里。

最有学问的人，就是最能了解错误来源的人；有最高见解的人，是能包括种种见解的人。……真理是通天下之见，是一切对或一切错误的总汇。

——《朝话》，《梁漱溟全集》第2卷，第74—75页

成功与失败

没有志气的人，没有成败可说；有志气的人，没有经过二三十年奋斗不懈的阅历，也不会懂得成功与失败是怎么一回事。成功是什么呢？成功是巧，是天，不是我。失败是什么呢？失败是我，是我的错误，我

有缺漏。

一事之成，都须要若干方面若干条件的凑合。百分之九十九都凑合了，一分凑不齐，便不成。在这百分中，有若干是须要自己努力的；有若干是自己努力不来，而有待于外的。而细审之，没有哪一点不需要自己精神贯注，亦没有哪一点不有待于外面机会（非自己力所能及）。然而一个人（或一伙人，或一个团体），怎能没有错误呢？没有缺漏呢？……凡自以为我无过者，都是昏庸蠢劣之极。天下固无无过之事也。……成功是巧而已，是侥幸而已。……而失败了呢，则不得怨人。一切失败，自然都是各面不凑合，什么事本非自己所能包办的。然而失败之由，总在自己差失处，精神不照处，或是更大的错误，根本的错误。……所以说失败在我，我值其咎。古往今来，一切失败者，而其人又自己真要强，吾知其于努力失败时必如此负责也。……

古人云："不可以成败论人。"旨哉言乎！

——《朝话》，《梁漱溟全集》第2卷，第75—76页

三种人生态度

第一种人生态度，可用“逐求”二字以示之……饮食、晏安、名誉、声、色、货、利等，……能够彻底做到家，发挥至最高点者，即为近代之西洋人。……

第二种人生态度为“厌离”的人生态度。……回转头来反看自己，……即感觉得人生太苦。……此这种厌离人生的态度，为许多宗教之所由生。最能发挥到家者，厥为印度人。……

第三种人生态度，可以用“郑重”二字以表示之。郑重态度，又可分为两层来说：其一，为不反观自己时——向外用力；其二，为回头看自家时——向内用力。……从反回头来看生活而郑重生活，这才是真正的发挥郑重。这条路发挥得最到家的，即为中国之儒家。此种人生态度亦甚简单，主要意义即是教人“自觉的尽力量去生活”。……儒家之所以排斥欲望，即以欲望为逐求的、非自觉的，不是尽力量去生活。此话可以包含一切道理，如“正心诚意”“慎独”“仁义”“忠恕”等，都是以自己自觉的力量去生活。再如普通所谓“仁至义尽”“心情俱到”等，亦皆此意。

此三种人生态度，每种态度皆有深浅。浅的厌离不能与深的逐求相比。逐求是世俗的路，郑重是道德的路，而厌离则为宗教的路。……普通都是由逐求态度折到厌离态度，从厌离态度再转入郑重态度，……即所谓出入儒释。……在我十几岁时，极接近于实利主义，后转入佛家，最后方归转于儒家。厌离之情殊为深刻，由是转过来才能尽力于生活；否则便会落于逐求，落于假的尽力。故非心里极干净，无纤毫贪求之念，不能尽力生活。而真的尽力生活，又每在经过厌离之后。

——《朝话》，《梁漱溟全集》第 2 卷，第 81–83 页

趣味

人生是靠趣味的。对于什么事情无亲切意思，无深厚兴趣，则这件事一定干不下去。如我从事乡村运动，若没有亲切的意思与深厚的兴趣，而只想着要立德、立功，那简直是笑话，而且一定干不下去。立功之人，在他自己不知是立功，到末了由人家看他是立功而已。如有人误解立功立德立言之说，而自己先打算要去立

功立言立德，这是被古人所骗；非古人骗他，而是他自己骗了自己。

——《朝话》,《梁漱溟全集》第 2 卷，第 84 页

道德

按我的解释，道德就是生命的和谐。普通一般人对道德有三种不同的误解。

（一）认道德是拘谨的。……（不知道）道德是生命的精彩，（是）生命发光的地方，生命动人的地方，让人看着很痛快、很舒服的地方。……

（二）认道德是枯燥的。……（看不到）道德本身就是有趣味的。……人之趣味高下，即其人格之高下。……道德是最深最永的趣味，……就是人生的艺术。所谓生命的和谐，即人生生理心理——知、情、意——的和谐；同时亦是我的生命与社会其他的人的生命的和谐。所谓人生的艺术，就是会让生命和谐，会做人，做得痛快漂亮。……

（三）认道德是格外的事，仿佛在日常生活之外，很高远的，多添的一件事情。而其实只是在寻常日用中，

能够使生命和谐，生命有精彩，生活充实有力而已，……也还是平常人人心里有的道理。道德并不以新奇为贵，故曰庸言庸行。

——《朝话》，《梁漱溟全集》第 2 卷，第 86—87 页

人生在创造

人类生命的意义在创造。……创造可大别为两种：一是成己，一是成物。成己就是在个体生命上的成就，例如才艺德性等；成物就是对于社会或文化上的贡献，例如一种新发明或功业等。……一是表现于外者，……一是内里的创造。人类文化一天一天向上翻新进步无已，自然是靠外面的创造；然而为外面创造之根本的，却还是个体生命；那么，又是内里的创造要紧了。

教育就是帮助人创造，……形成一个完全教育化的环境，启人向学之诚，而萃力于创造自己；其结果，亦就是学术发明文化进步，而收效于社会。这样，才合于“人生在创造”那意义。

——《朝话》，《梁漱溟全集》第 2 卷，第 94—96 页

帮助理性开发的是经济

有人误会我反对物质文明，反对工业；我安有此意。我对物质生产增加和生产技术改进，原是看得很重要的。我所以看重它的意思，则在于非这样不能给我们挪出更大的闲空，非这样不能使文化更日进于高明。大概经济越发达，社会越进步，对一切问题越可以采用细致的办法。亦即是理性的解决办法、细致的办法，是从富力增进来的。……经济的进步，我们看得很重；唯有经济进步，才让我们的生活能更合理。

——《朝话》，《梁漱溟全集》第 2 卷，第 101—102 页

谈组织团体原则

拿一个主义主张结团体，是强人从我；在见解上求同，是忽略人格，这个在中国大概是不可能。中国士人要想结合团体，大概须掉转过来：在见解主张上可以从容商量，而在另外一点——人格志趣——上求同。……志趣相投，即志同道合，即同有志于人生向上的人……为寻求师友的根本，不怀成见，不排斥异己。必须如此，然后才能不徒为表面的结合，而相信相知

以及于久远。

——《朝话》,《梁漱溟全集》第2卷，第112页

志愿真诚

（对毕业分发出去服务的乡农学校的学生的期望）

志愿真诚四个字，话很平常，……可是实在说，我们往前做事情，都要依靠这点。……

第一，因为我们做的事是一个创新，……不是方方面面已有轨道可循，而是任什么都在不定中，正须去探讨摸索创造。……那非靠我们里面的劲，……不能通得过去。……探求新路子的时候，……必须耐烦；志愿真诚才能耐烦，不真诚必是敷衍塞责；何能创造？……

再则，我们此刻做事，最大的问题是对人问题，对事问题尚放在第二。……对人问题最要紧的是这一点真诚。……

第三，我们做乡农学校的事情，……（必须）和衷共济，……必靠志愿真诚，……才能把心放在较公的地方（公就是志愿）。

——《朝话》,《梁漱溟全集》第2卷，第110—111页

为人类开辟一新历史而奋斗

现在不单是中国，即世界其他各国，关于人生问题、社会问题，都是在思想分歧冲突里面。……生当今世，自一面言之，几乎人人无所适从，易陷于苦闷，易落于被牺牲。自另一面言之，实为对人类一个好试验：试验人能否在困扰中站立得稳，能否发挥人之创造力，刺激人之生命，使其活泼而有力量。人生是要奋斗的，在此不单调不平顺的环境中，更要对困扰而奋斗。……时至现代，是到了一个大剧变期，吾人应为人类开辟一新历史，此实伟事也。吾人把这个责任负起来，应欢喜踊跃，以接受此使命，不要畏难，不要退避。

——《朝话》,《梁漱溟全集》第2卷，第107—108页

文本选读

《朝话》十篇

1. 言志

今日早晨想到《论语》上"盍各言尔志"一句话，现在就言我之志。

"你的志愿何在？"如果有人这样问我，那我可以回答：

我愿终身为民族社会尽力；并愿使自己成为社会所永久信赖的一个人。

在这混乱的中国社会，无论在思想上、在事实上，都正是彷徨无主的时候。这时候做人最难有把握，有脚跟。常见有许多人，在开头的时候都很有信望，但到后来每每失去了社会的信任，促使社会益发入于混乱。我觉得现在的中国，必须有人一面在言论上为大家指出一个方向，更且在心地上、行为上大家都有所信赖于他。然后散漫纷乱的社会才仿佛有所依归，有所宗信。一个复兴民族的力量，要在这个条件下才能形成。我之所以自勉者唯此；因我深切感到社会多年来所需要者唯此。

八十年来，中国这老社会为新环境所刺激压迫，而落于不幸的命运，民族自救运动一起再起，都一次一次地先后失败了。每一次都曾引动大家的热心渴望，都曾涨到一时的高潮；但而今这高潮都没落了，更看不见一个有力量的潮流可以系属多数的人心，而却是到处充满了灰心、丧气、失望、绝望。除了少数人盲目地干而外，多数人无非消极鬼混，挨磨日子，而其实呢，中国问题并不是这样一个可悲观的事。悲观只为蔽于眼前。若从前后左右通盘观测，定能于中国前途有很深的自信；只可惜多数人蔽于眼前，没有这眼光罢了！我是对中国前途充满了希望，绝对乐观的一个人。我胸中所有的是勇气，是自信，是兴趣，是热情。这种自信，并不是盲目的、随便而有的；这里面有我的眼光，有我的分析与判断。（我讲的《乡村建设理论》便是这个，不复赘。）我是看到了前途应有的转变与结局，我相信旁人亦能慢慢地看到；因为从事实上一天一天在暗示我们所应走的而唯一可能的方针路线（乡村建设）。我的自信不难成为大家的共信；我的勇气可以转移大家的灰颓之气。大概中国社会不转到大家有自信、有勇气之时，则中国将永远没有希望。然而民族自救的最后觉悟、最后潮流毕竟是到了！我们就是要发动这潮流，酿成这潮流！这方向指针我是能以贡献给社会的；——我充分有这自信。单有方向指针还不够，还须有为社会大众所信托的人格，为大家希望之所寄。因此，我要自勉做一个有信用的人，不令大家失望。

2. 我的信念

第一个信念：我觉得每人最初的动机都是好的，人与人都是可以合得来的，都可以相通的。不过同时每一个人亦都有些小的毛病。因人人都有毛病（不过有多少轻重之分），故让人与人之间，常有不合不通的现象。虽不合不通之事常有，但人在根本上说，向上要好，还是人同此心，心同此理，究竟有其可合可通之处。在我们应努力去扩大此可相通相合之点，与天下人做朋友，而不与人隔阂分家。这是我第一个信念。我总是相信人，我总觉得天下无不可合作之人，我始终抱定这信念而向前迈进，毫不犹疑！

第二个信念：我觉得一切的不同都是相对的，比较的。换言之，即一切的不同都是大同小异。自其异者而观之，则无往而不异；自其同者而观之，则实亦无何大不同。所以彼此纵有不同，不必看成绝对鸿沟之分。更进一步说，即不同，其实亦不要紧，天下事每每相反而实相成。章行严先生因墨子有尚同之说，故标尚异之说，以为要欢迎异的，要异才好。我们在见解主张上不必太狭隘、固执；要能“宽以居之”，方能将各方面容纳进去。如果对于方向路子拿得很狭隘，往前去做，难得开展。所以我于异同之见不大计较。此原则，我运用亦有时失败，不过那只是安排得不恰当；我现在唯有盼望我更智慧一点，不再蹈以前的错误。但我始终要本此态度做去。

3. 谈组织团体原则

在中国以前的士人，没有团体，只有朋友，其原因甚多，但根本还在一点：即中国士人理性开发，喜出己见，从吾所好；而不信仰一个对象，与宗教正相反。以此，故脾气很大，越是有头脑有才气的人其个性越强。这样，想组织成功一个团体（党），实在是一个大的困难。

中国以前的士人是如此，现在的知识分子也没有脱掉这种习气。但做社会运动，必须以团体来做才行。那么，我们想要成功一个团体，从哪一点上来相结合呢？在我想，绝对不能像外国只在见解上求同。只拿一个主义主张来结合。拿一个主义主张结团体，是强人从我；在见解上求同，是忽略人格，这个在中国大概是不可能。中国士人要想结合团体，大概须掉转过来：在见解主张上可以从容商量，而在另外一点——人格志趣——上求同。必志趣相投才有结合的可能。志趣相投，即志同道合，即同有志于人生向上的人。在中国只能有志同道合的朋友，很难有党团的组织。然依现在的社会运动言，亟须要有组织。所以现在组织团体，一面须合现社会的需要，一面又须无背乎中国人的心理。没有共同主张，固难成功团体；没有共同性情志趣，亦殊难结合长久。我们要想成功一个团体：一面要以乡村建设做我们共同的目标；一面要从志气上彼此相勖勉，本人生向上，为寻求师友的根本，不怀成见，不排斥异己。必须如此，然后才能不徒为表面的结合，而相信相知以及于久远。

4. 志愿真诚

刚才时济云先生对于此次毕业分发出去服务的同学讲话，提出志愿真诚四字来勉励大家。志愿真诚四个字，话很平常，谁都会说；因为大家常说这个话，便几乎没有味道了。可是实在说，我们往前做事情，都要依靠这点，我想是对的。

第一，因为我们做的事是一个创新，乡农学校就是创新的一件事，不是方方面面已有轨道可循，而是任什么都在不定中，正须去探讨摸索创造。此时周围环境很不顺，不顺靠什么能顺呢？那非靠我们里面的劲——真诚老往前追求的劲，不能通得过去。在创造的时候，如无热心毅力，稍一碰钉子便将完了。探求新路子的时候，必须靠此，必须耐烦；志愿真诚才能耐烦，不真诚必是敷衍塞责；何能创造？创造要耐烦，耐烦才能通得过。在此时代，非如此不可。这是一层意思。

再则，我们此刻做事，最大的问题是对人问题，对事问题尚放在第二。大家出去做事，最先遇到的是对人问题。譬如县政府的人（或我们参加县政府工作的研究部同学），都与大家相关系，都会发生人的问题。对人问题顶要紧的是这一点真诚。巧滑的人固然巧于对付，不会被人挑剔，不会与人翻脸，眼前都能过得去；但结果他还是得罪人，大家终要讨厌他。如果是真诚，就有错误，大家也可原谅；到底真诚人能对付过去，巧滑人则不能。对人问题既要紧，故真诚为必要。大抵对人靠真诚，而对事则靠技术。不过，许多技术、许多方法，眼前开办时用不上。眼前完全是人的问题，故非靠真诚不可。这是第二层意思。

第三，我们做乡农学校的事情，如果能做得几分，则必完全靠每一校内四五个同学的和衷共济。此事很显明。如果这几个同学的力量互相牵制，彼此妨碍，好像一辆车，一个往东拉，一个往西拉，则一定不行，事情马上不能做，一定闹笑话。可是这四五个人如何能和衷共济？那么，必靠志愿真诚。志愿真诚，才能把心放在较公的地方（公就是志愿）。不然，四五个人四五个心，你有你的打算，我有我的打算，彼此的心都不放在一个地方，则很难相合。心能放在较公的地方，就是志愿。志愿真诚才能顾全大局；为顾全大局，校长才能照顾尊重其余四个人的意见，其余的四个人也才能尊重这个做校长的人。这几个人在事情上能尊从校长，校长也能容纳这几个人的意见，此之谓和衷共济。没有志愿，一定有许多小毛病出来，如顺嘴说闲话各图便宜等。志愿真诚，则毛病可以减少，彼此才能凑到一块去，四五个人如闹意见不合，一定把事弄糟，还不如一个人去做呢！我们做事情，既须和衷共济，所以最要的是志愿真诚。这是第三层意思。

5. 开诚布公以立信

现在社会上，实在找不出一个让多数人信得及的人或团体，他们——人或团体——在谈话时，都说得非常之好，非常动听；但是人却总不敢相信他，都以为他的背后还别有用意：这是现在中国社会上的一种普通现象。即以我们的乡村运动来说，别人在未了解以前，也同样地以为我们别有企图，而非真来做此工作。中国社会之不安，半由于斯。此种不相信之态度，实非好现象。不相信，一切事都难做通，事情唯有相信才可以做得通。如《大公报》几次抗日募捐，数目达到七十万元之巨，社会人士踊跃输将，而不稍有疑心；此其故，即以其信用已生根于社会，人人皆信得及，相信其不致有何差误，故敢坦然相托。中国今日民穷财困，达于极点，六七十万元在西洋社会原自不成问题，而在中国则着实不易；由此可以看出社会人士之重义，及要求公道之心理是如何迫切。但现在情形，到处乌烟瘴气，黑幕重重，使社会找不出一个信得及的人或团体，以致满怀热诚，无由发泄，虽欲援助亦无从援助起。故目前社会要求有信用的人或团体，真是如饥如渴！古人云："民无信不立。"旨哉言乎！此意思实甚重要。不相信的态度，实为一大乱源。因不相信，故各怀鬼胎，互为猜忌；事情原无恶意，但如此一来，便亦"好意当作恶冤家"了。

人与人之间是如此，社会与社会间亦恰无二致。如此下去，其危机不言可喻。现在的问题，是在如何才能使社会信得及。以我所见，这只有彻底地开诚布公，将一切暧暧昧昧、遮遮掩掩的行为，根本铲除。好事情固可昭然于社会；即不好的事，也必须直言不讳，一切都公开。这样自然一面可以解除误会；一面也渐渐地可以使人对你信得及。的确，人心都是要求光明磊落的，凡是光明磊落说出做出的事情，即便不好，人也甘心。人最不乐意于藏头露尾、半吞半吐的把戏。此道理无论在家庭之间、政府与人民之间、一切人与人之间，皆是如此。如能看透此点，本此去公开做事，自然可以行得通。自身先不使人怀疑，人家才肯相信；人家信得及，才肯舍死相助，终至万众一心。

6. 对异己者的态度

对方即与我方向不同的人，与我主张不同的人，我们都要原谅他。并要承认对方之心理也是好的，不应作刻薄的推测。同时，在自己的知识见解上要存疑，怕也不必都对。我觉得每个人对自己之知识见解，常感觉自己不够，见闻有限。自觉知识见解低过一般人，旁人都像比我强。这种态度，最能够补救各种不同方向（派别）的彼此冲突之弊而互相取益。冲突之所由起，即在彼此都自以为是。如此，则我不容你，你又妨碍我，彼此牵掣抵牾，互相折毁，无非是各人对自己之知识见解自信得太过，对对方人之心理有过于刻薄的看法，而有根本否认对方人的意思。此种态度，为最不能商量的态度。看不起对方人，根本自是，就不能商量，落于彼此相毁，于是大局就不能不受影响了。故彼此都应在心术上有所承认，在人格上有所承认，只是彼此所见尚须商量，然后才可取得对方之益，达于多分对的地步。我每叹息三十年来各党派、各不同运动的人才，都不可菲薄。但他们都有一个最大的缺点。此缺点就是在没有如上面所述的那种态度。对对方不能相信相谅；而且自己又太自信。所以虽是一个人才，结果，毁了别人，也毁了自己。毁在哪里？就毁在态度上。人生本来始终脱不开与人互相交涉的。越往后，人生关系越复杂，越密切；彼此应当互相提挈合作，才是对的。可是和人打交涉，相关系，有一个根本点，就是：必须把根本不相信人的态度去掉。把我们说的意思放在前头，才是彼此相往来的根据；否则就没有往来交涉的余地了。如从不信任的地方对人，就越来越不信任人；转过来从信任人的方面走，就越来越信任人。不信任人的路，是越走越窄，是死路；只有从信任人的路上去走，才可开出真正的关系和事业的前途来。

7. 没有勇气不行

没有智慧不行，没有勇气也不行。我不敢说有智慧的人一定有勇气；但短于智慧的人，大约也没有勇气，或者其勇气亦是不足取的。怎样是有勇气？不为外面威力所慑，视任何强大势力若无物，担荷若何艰巨工作而无所怯。譬如：军阀问题，有的人激于义愤要打倒他；但同时更有许多人看成无可奈何的局面，只有迁就他，只有随顺而利用他，自觉我们无拳无勇的人，对他有什么办法呢？此即没勇气。没勇气的人，容易看重既成的局面，往往把既成的局面看成一不可改的。说到这里，我们不得不佩服孙中山先生，他真是一个有大勇的人。他以一个匹夫，竟然想推翻二百多年大清帝国的统治。没有疯狂似的野心巨胆，是不能作此想的。然而没有智慧，则此想亦不能发生。他何以不为强大无比的清朝所慑服呢？他并非不知其强大；但同时他知此原非定局，而是可以变的。他何以不自看渺小？他晓得是可以增长起来的。这便是他的智慧。有此观察理解，则其勇气更大。而正唯其有勇气，心思乃益活泼敏妙。智也，勇也，都不外其生命之伟大高强处，原是一回事而非二。反之，一般人气慑，则思呆也。所以说没有勇气不行。无论什么事，你总要看它是可能的，不是不可能的。无论若何艰难巨大的工程，你总要“气吞事”，而不要被事慑着你。

8. 三种人生态度

——逐求、厌离、郑重

“人生态度”是指人日常生活的倾向而言，向深里讲，即入了哲学范围；向粗浅里说，也不难明白。依中国分法，将人生态度分为“出世”与“入世”两种，但我嫌其笼统，不如三分法较为详尽适中。我们仔细分析：人生态度之深浅、曲折、偏正……各式各种都有；而各时代、各民族、各社会，亦皆有其各种不同之精神，故欲求不笼统，而究难免于笼统。我们现在所用之三分法，亦不过是比较适中的办法而已。

按三分法，第一种人生态度，可用“逐求”二字以表示之。此意即谓人于现实生活中逐求不已：如饮食、宴安、名誉、声、色、货、利等，一面受趣味引诱，一面受问题刺激，颠倒迷离于苦乐中，与其他生物亦无所异；此第一种人生态度（逐求），能够彻底做到家，发挥至最高点者，即为近代之西洋人。他们纯为向外用力，两眼直向前看，逐求于物质享受，其征服自然之威力实甚伟大，最值得令人拍掌称赞。他们并且能将此第一种人生态度理智化，使之成为一套理论——哲学。其可为代表者，是美国杜威之实验主义，他很能细密地寻求出学理的基础来。

第二种人生态度为“厌离”的人生态度。第一种人生态度为人对于物的问题。第三种人生态度为人对于人的问题，此则为人对于自己本身的问题。人与其他动物不同，其他动物全走本能道路，而人则走理智道路，其理智作用特别发达。其最特殊之点，即在回转头来反看自己，此为一切生物之所不及于人者。当人转回头来冷静地观察其生活时，即感觉得人生太苦，一方面自己为饮食男女及一切欲望所纠缠，不能不有许多痛苦;而在另一方面，社会上又充满了无限的偏私、嫉忌、仇怨、计较，以及生离死别种种现象，更足使人感觉得人生太无意思。如是，乃产生一种厌离人世的人生态度。此态度为人人所同有。世俗之愚夫愚妇皆有此想，因愚夫愚妇亦能回头想，回头想时，便欲厌离。但此种人生态度虽为人人所同具，而所分别者即在程度上深浅之差，只看彻底不彻底，到家不到家而已。此种厌离的人生态度，为许多宗教之所由生。

最能发挥到家者，厥为印度人；印度人最奇怪，其整个生活，完全为宗教生活。他们最彻底，最完全；其中最通透者为佛家。

第三种人生态度，可以用“郑重”二字以表示之。郑重态度，又可分为两层来说：其一，为不反观自己时——向外用力；其二，为回头看自家时——向内用力。在未曾回头看而自然有的郑重态度，即儿童之天真烂漫的生活。儿童对其生活，有天然之郑重，与天然之不忽略，故谓之天真；真者真切，天者天然，即顺从其生命之自然流行也。于此处我特别提出儿童来说者，因我在此所用之“郑重”一词似太严重。其实并不严重。我之所谓“郑重”，实即自觉地听其生命之自然流行，求其自然合理耳。“郑重”即是将全副精神照顾当下，如儿童之能将其生活放在当下，无前无后，一心一意，绝不知道回头反看，一味听从于生命之自然的发挥，几与向前逐求差不多少，但确有分别。此系言浅一层。

更深而言之，从反回头来看生活而郑重生活，这才是真正的发挥郑重。这条路发挥得最到家的，即为中国之儒家。此种人生态度亦甚简单，主要意义即是教人“自觉地尽力量去生活”。此话虽平常，但一切儒家之道理尽包含在内;如后来儒家之“寡欲”“节欲”“窒欲”等说，都是要人清楚地自觉地尽力于当下的生活。儒家最反对仰赖于外力之催逼，与外边趣味之引诱往前度生活。引诱向前生活，为被动的、逐求的，而非为自觉自主的；儒家之所以排斥欲望，即以欲望为逐求的、非自觉的，不是尽力量去生活。此话可以包含一切道理：如“正心诚意”“慎独”“仁义”“忠恕”等，都是以自己自觉的力量去生活。再如普通所谓“仁至义尽”“心情俱到”等，亦皆此意。

此三种人生态度，每种态度皆有浅深。浅的厌离不能与深的逐求相比。逐求是世俗的路，郑重是道德的路，而厌离则为宗教的路。将此三者排列而为比较，当以逐求态度为较浅；以郑重与厌离二种态度相较，则郑重较难；从逐求态度进步转变到郑重态度自然也可能，但我觉得很不容易。普通都是由逐求态度折到厌离态度，从厌离态度再转入郑重态度，宋明之理学家大多如此，所谓出入儒释，都是经过厌离生活，然后重又归来尽力于当下之生活。即以我言，亦恰如此。

在我十几岁时，极接近于实利主义，后转入于佛家，最后方归转于儒家。厌离之情殊为深刻，由是转过来才能尽力于生活；否则便会落于逐求，落于假的尽力。故非心里极干净，无纤毫贪求之念，不能尽力生活。而真的尽力生活，又每在经过厌离之后。

9. 一般人对道德的三种误解

按我的解释，道德就是生命的和谐。普通一般人对道德有三种不同的误解。

（一）认道德是拘谨的。拘谨都是迁就外边，照顾外边，求外边不出乱子，不遭人非议，这很与乡愿接近。所谓道德，并不是拘谨；道德是一种力量，没有力量不成道德。道德是生命的精彩，生命发光的地方，生命动人的地方，让人看着很痛快、很舒服的地方，这是很明白的。我们的行动背后，都有感情与意志的存在（或者说都有情感要求在内）。情感要求越直接，越有力量；情感要求越深细，越有味道。反过来说，虽然有要求，可是很迂缓，很间接，这样行动就没有力量，没有光彩。还有，情感要求虽然是直接，可是很粗，也没有味道。

（二）认道德是枯燥的。普通人看道德是枯燥的，仿佛很难有趣味。这是不对的。道德本身就是有趣味的。所以说:“德者得也。”凡有道之士,都能有以自得。——人生不能无趣味，没趣味就不能活下去。人之趣味高下，即其人格之高下，——人格高下，从其趣味高下之不同而来；可是，都同样靠趣味，离趣味都不能生活。道德是最深最永的趣味，因为道德乃是生命的和谐，也就是人生的艺术。所谓生命的和谐，即人生生理心理——知、情、意——的和谐；同时亦是我的生命与社会其他的人的生命的和谐。所谓人生的艺术，就是会让生命和谐，会做人，做得痛快漂亮。普通人在他生命的某一点上，偶尔得到和谐，值得大家佩服赞叹，不过这是从其生命之自然流露而有，并未在此讲求。儒家则于此注意讲求，所以与普通人不同。儒家圣人让你会要在他的整个生活，——举凡一颦一笑一呼吸之间,都佩服赞叹,从他的生命能受到感动变化。他的生命无时不得到最和谐，无时不精彩，也就是无时不趣味盎然。我们在这里可以知道，一个人常对自己无办法，与大家不调和，这大概就是生命的不和谐、道德的不够。

（三）认道德是格外的事情，仿佛在日常生活之外，很高远的，多添的一件事情。而其实只是在寻常日用中，能够使生命和谐，生命有精彩，生活充实有力而已。道德虽然有时候可以发挥为一个不平常的事；然而就是不平常的事，也还是平常人人心里有的道理。道德并不以新奇为贵，故曰庸言庸行。

10. 人生在创造

宇宙是一个大生命。从生物的进化史，一直到人类社会的进化史，一脉下来，都是这个大生命无尽无已的创造。一切生物，自然都是这大生命的表现；但全生物界，除去人类，却已陷于盘旋不进状态，都成了刻板文章，无复创造可言。其能代表这大生命活泼创造之势，而不断向上翻新者，现在唯有人类。故人类生命的意义在创造。

人类为什么还能充分具有这大生命的创造性呢？就因为人的生命中具有智慧。本来脊椎动物就是走向智慧这边来（对本能那边而言）；却是就中除去人类，都没有成就得智慧（人类是脊椎动物中最高等的）。智慧是什么？智慧就是生下来一无所能，而其后竟无所不能的那副聪明才智。换句话说，亦就是能创造的那副才质。严格地讲，人类的生活，一言一动，一颦一笑，都不能不说是创造。但我们普通说话，言及创造，必特指其超出寻常，前所未有者，有重大价值者。

创造可大别为两种：一是成己，一是成物。成己就是在个体生命上的成就，例如才艺德性等；成物就是对于社会或文化上的贡献，例如一种新发明或功业等。这是粗略的分法。细研究起来，如一个艺术家，在音乐美术上有好的成功，算是成己呢？算是成物呢？从他自己天才的开展锻炼一面说，算是成己；但同时他又给社会和文化上以好的贡献了，应属成物。再如德性，亦独非其个体生命一种成功；而同时对于社会直接间接有形无形的贡献也很大。还有那有大功于世的人，自然算是成物；但同时亦成就了他生命的伟大，而是成己。有时为社会杀身，亦是成己。古人“杀身成仁”一句话，其“仁”字即指生命伟大说。所以任何一个创造，大概都是两面的：一面属于成己，一面属于成物。因此，一个较细密的分法，是分为：一是表现于外者，一是外面不易见者。一切表现于外者，都属于成物。只有那自己生命上日进于开大通透，刚劲稳实，深细敏活，而映现无数无尽之理致者，为成己。——这些，是旁人从外面不易见出的。或者勉强说为：一是外面的创造，一是内里的创造。人类文化一天一天向上翻新进步无已，自然是靠外面的创造；然而为外面创造之根本的，却还是个体生命；那么，又是内里的创造要紧了。

教育就是帮助人创造。他的工夫用在许多个体生命上，求其内在的进益开展，而收效于外。无论为个人计，或为社会打算，教育的贵重，应当重于一切。可惜人类直至于今,仍然忽视创造,亦就不看重教育（还有许多不合教育的教育），人类生命的长处，全被压抑而不得发挥表现。说起来，可为伤痛叹息！我们理想的社会：第一，人与人没有生存竞争，而人与人合起来控制自然利用自然；第二，社会帮助人生向上，一切合于教育意义，形成一个完全教育化的环境，启人向学之诚，而萃力于创造自己；其结果，亦就是学术发明文化进步，而收效于社会。这样，才合于“人生在创造”那意义。